你应该了解
英美文化

What You Should Know about British and American Culture

主　编　沈晓飞
副主编　赵慧芬　谈芬芬　沈美凤　郑思齐

浙江工商大学出版社
ZHEJIANG GONGSHANG UNIVERSITY PRESS | 杭州

前　言

传统的英语教学以培养学生的听、说、读、写能力为主，很难脱离应试教育的窠臼，导致学生的英语学习更多以单词、句型和语法方面的学习为主，使得学生对英语的认识更多停留在单词、句型和语法层面，容易让学生觉得英语学习枯燥无味。对于大部分中等职业学校的学生来说，他们的英语基础薄弱，即使想学英语也很难提起兴趣；但是他们大多没有较大的升学压力，反而具有更为宽松的英语学习环境。

中等职业学校英语课程教学的目标之一是使学生掌握一定的英语基础知识和基本技能，培养学生在日常生活和职业场景中的英语应用能力。但要真正学会一门语言，必须要了解其背后的文化。英语教学是语言教学，也离不开文化教学。学习英语知识，掌握英语技能，提高英语运用能力，与熟悉英美文化背景知识密不可分。新的《中等职业学校英语教学大纲》指出：中等职业学校英语课程要激发和培养学生学习英语的兴趣，提高学生学习的自信心；引导学生了解、认识中西方文化差异，培养正确的情感、态度和价值观。

本教材就是针对中等职业学校学生的特点和需求，旨在拓展学生对英美文化的了解，提高学生的文化素养，进而增强学生学习英语的兴趣。我们期望英语学习能够更好地促进学生的全面发展，使语言能力和文化意识相融合，以提升学生的核心素养。

沈晓飞

2020 年 1 月

目　录

第一章

建筑、景观与高校

第一节　美国重要建筑

一、首都华盛顿的重要建筑

作为联邦制(federalism)国家，美国的政权组织形式为总统制，实行三权(立法权、行政权、司法权)分立的政治制度，三权分别由国会(Congress)、总统(president)、法院(court)执掌。实行这些政权的机构有白宫(the White House)、国会大厦(Parliament House)、五角大楼(the Pentagon)等。

(一)白宫(the White House)

白宫是一座外层为白色的建筑物，也被称为白屋。它坐落在华盛顿哥伦比亚特区，是“总统公园”的一部分，也是美国中央政府的所在地。白宫由主楼和东、西两翼三部分组成。白宫是美国总统的居住地和办公地，因此“白宫”一词常常被用来代指美国政府。

这座建筑很久以前不叫“白宫”，而被叫作“总统之宫”。在美国第二次独立战争期间，华盛顿城被英国军队占领，之后国会大厦和总统府等政府建筑物都被纵火焚烧。1814 年，为了掩盖大火烧过的痕迹，总统府棕红色的石头墙被涂上了白色，才被命名为“白宫”。

(二)国会大厦(Parliament House)

国会大厦位于华盛顿特区的国会山上，是美国国会召开会议的地方，是美国的立法机关。美国人认为国会大厦是民主的最高象征。

国会大厦与林肯纪念堂遥遥相望，最引人注目的是其中央圆形大顶。圆顶上有一尊自由女神青铜像——圆顶代表地球，而女神站在地球上则代表着“整个世界要团结在这位神秘莫测的女神脚下”。大圆顶两侧是南北翼楼，是众议院和参议院的所在地。国会大厦东侧的大草坪是历届美国总统举行就职典礼的地方。

进入大圆顶的大门，就可以看到国会大厦的圆形大厅。大厅墙上挂着记录美国历史的油画，大厅顶上则画着美国开国总统华盛顿，其身侧分别为胜利女神和自由女神，周围的其他女神则代表美国初立时的各州。厅内矗立着各位杰出总统的石雕和各州的名人像。

(三)五角大楼(the Pentagon)

五角大楼是美国国防部的办公大楼。它由5幢5层建筑相连，其建筑面积相当于5座国会大厦。从上往下俯视，呈现正五边形，由此得名“五角大楼”。除国防部外，海、陆、空三军总部也在这里。“五角大楼”一词不仅代表这座建筑，也是美国国防部的代称。

五角大楼1层大厅内有各种便利设施，如银行、书店、休闲区以及各种商铺等。素有“金厅”之称的2楼(这里的办公楼铺有金色地毯)是有“国防部灵魂”之称的参谋长联席会议的所在地。3楼是国防部部长办公室和陆军部。这层设有“英雄厅”，里面挂着3000多块铜牌，上面雕刻着获得最高荣誉勋章的军人信息。3楼以上是海军部和空军部。

二、经济文化中心纽约的重要建筑

纽约是一座世界级的现代化大都市，它是美国乃至世界范围的金融中心。纽约有很多金融大厦和文化广场，最具代表性的建筑是帝国大厦、世界贸易中心、时代广场等。

(一)帝国大厦(Empire State Building)

帝国大厦位于纽约市曼哈顿区，共 102 层，是纽约市的地标，和自由女神像一起成为纽约市的标志。

“帝国大厦”的起名源于纽约市所在的纽约州的别称“帝国州”，建于西方经济危机时期，标志美国经济复苏的开始。其闻名之处不在于它的高，而在于它的建造时间——从开工到竣工仅用约 410 天。

帝国大厦的一大特色是外表的灯光装饰，其颜色会因节日或重大事件而改变。比如在“9·11”恐怖袭击事件后这些灯光全部变成蓝色以示哀悼，持续3个月之久；春节期间，帝国大厦会亮起红、黄两色灯光，以庆祝中国传统新春佳节。

另一大特色则是其顶层观景台，它是文艺界用来取景的地方，共有90多部电影以该处作为拍摄点，包括《金刚》和《西雅图不眠夜》等经典电影。《西雅图不眠夜》播出之后，帝国大厦顶层观景台成了恋爱圣地，很多年轻人选择在此庆祝情人节或举办婚礼。

(二)世界贸易中心(World Trade Center)

世界贸易中心矗立在纽约市曼哈顿区，由2座塔式摩天楼(双子塔)、4幢商务楼及1座酒店构成。它是世界上最大的商业建筑群，是纽约的地标之一，也是美国的金融中心之一。

其中最著名的是双子塔(曾是世界上最高的双塔)，主要由北塔和南塔2栋110层的塔楼组成。北塔楼顶装有电视塔，南塔楼顶开放，供人游览。在“9·11”恐怖袭击事件中，双子塔相继崩塌。10多年后，世贸中心一号大楼(One World Trade Center)，即自由塔(Freedom Tower)，在原世贸中心的地址上落成。其设计高度是1776英尺(折合约541米)，“1776”是美国《独立宣言》发表的年份。

(三)时代广场(Times Square)

时代广场位于纽约曼哈顿的一个最时尚、人气最旺的街区的十字路口，被称为“世界的十字路口”。时代广场又名“时报广场”，因《纽约时报》总部在此而得名。作为美国的文化中心，这个地方汇集了很多剧院、商场、餐厅，既拥有无数的财富，又充满强烈的艺术气息，因而被称为“财富与艺术牵手疯狂的三角地”。

最能体现纽约“不夜城”特色的是时代广场，因为这里到处都是色彩绚丽的霓虹灯、各种电子大屏幕以及广告牌，也有许多街头艺人。在时代广场还有一栋常年无人却收入颇丰的“时代广场一座”(One Times Square)大楼，以其大型户外广告牌知名。时代广场的另一大特色是每年的“新年倒数”。每年 12 月 31 日的最后时分，水晶球落下，彩带飘散，广场上聚满了人，人们一起大声地进行新年倒数。

思考

1. 美国体现政权的建筑有哪些？我们国家哪些建筑是政权机构的所在之处？

2. 美国的最高立法机构是什么？我们国家的最高立法机构是什么？两者有什么区别？

3. 美国的时代广场有什么特点？

第二节　美国的旅游景观

一个多世纪以来，美国吸引了成百上千万的移民和游客。吸引他们的不仅仅是因为美国的经济、政治和文化，还有各种让人难以忘怀的景观。其中最著名的有自由女神像、科罗拉多大峡谷、拉什莫尔山、金门大桥等。

一、自由女神像(Statue of Liberty)

自由女神像是屹立于纽约港自由岛(Liberty Island)上的一尊高约100米的雕像，属于世界文化遗产。它是民主、自由的象征。

自由女神像是法国人民送给美国的礼物，庆贺美国独立100周年。自由女神身穿极富古希腊韵味的服装，头戴有七道尖芒的冠冕，右手高举着火炬，左手捧着《独立宣言》，脚下散着碎裂的手铐、脚镣和锁链。这种形象暗示着摆脱强权、重获自由。女神像的底座被建为美国移民史博物馆，内有电梯直达女神像头部，在上面可以将纽约全景一览无余。

二、科罗拉多大峡谷(Grand Canyon of Colorado)

科罗拉多大峡谷位于美国亚利桑那州(Arizona)的科罗拉多高原(Colorado Plateau)西南部，是世界七大自然界奇观之一，也是世界自然遗产之一。

这个大峡谷经由科罗拉多河数万年冲蚀而形成,故而命名为科罗拉多大峡谷。谷内土壤大多是褐色的,会随着阳光的照射变幻成各种色彩,吸引了全世界无数游客前来观光。峡谷的悬崖边还有一条独特的U型空中玻璃走廊(Grand Canyon Skywalk),悬空在科罗拉多河之上,在玻璃走廊上可以从各个角度欣赏峡谷奇景。

科罗拉多大峡谷被当作一部"活的地质教科书",因为峡谷岩壁会根据不同时期的岩层风化而显现出不同的造型,从而产生不一样的地质层。

三、拉什莫尔山(Mount Rushmore)

拉什莫尔山位于美国南达科他州(South Dakota),被称为"美国总统山"。因为山上雕刻有4座美国前总统的半身像,从左到右分别是:第1任总统乔治·华盛顿(George Washington,1732—1799),《独立宣言》的起草者、第3任总统托马斯·杰斐逊(Thomas Jefferson,1743—1826),为20世纪美国的发展奠定基础的第26任总统西奥多·罗斯福(Theodore Roosevelt,1858—1919),以及解放黑奴运动的领导者、第16任总统亚伯拉罕·林肯(Abraham Lincoln,1809—1865)。这4位总统都是美国重要历史时期的领航人,是美国历史的象征。远远望去,山和雕像融为一体,吸引着世界各地的游客前来游览。为表示对4位总统的尊敬,此山严禁游客攀爬。

四、金门大桥(Golden Gate Bridge)

金门大桥位于美国旧金山(San Francisco),是旧金山的标志性建筑(landmark)。

金门大桥全长约2.7千米,跨越了整个金门海峡,是世界上第一座跨幅超过千米的悬索桥。南北2座巨型辅助钢塔(相当于70层高的建筑)和连接钢塔顶端的钢缆所产生的巨大拉力使整座桥悬在空中。

金门大桥独有的橘红色桥身使它成为世界上最上镜的大桥之一,同时金门大桥也是备受欢迎的电影取景点,比如《猩球崛起》《X战警》等都在此地取景。

文化小贴士

地理小误会:很多人认为科罗拉多大峡谷位于美国西部的科罗拉多州(Colorado)。事实上,这是人们的认知误区。科罗拉多大峡谷(Grand Canyon of Colorado)其实位于美国西南部的亚利桑那州(Arizona)。类似的地理小误会还有不少,比如:首都华盛顿(Washington, D. C.)与华盛顿州(State of Washington),在很多人的认知中是同一个地方,但其实是不同的地理范畴。

思考

1. 自由女神像塑造了一个怎样的形象?
2. 拉什莫尔山有哪几位总统的雕像?为什么选择他们?

第三节 美国高等学府

美国高等教育与英国高等教育起源相同，并且美国大学的建立也是以英国大学为模型的。相对而言，英国高等教育注重学术氛围，美国高等教育更重视学生的综合能力。本节将介绍美国独具特色的4所高校。

一、哈佛大学(Harvard University)

哈佛大学位于美国马萨诸塞州（Massachusetts）剑桥市（Cambridge），是美国本土历史最悠久的高等学府。哈佛大学建立于1636年，历史比美国（1776年建国）还要悠久。

哈佛大学最早由马萨诸塞州殖民地立法机关参照英国的剑桥大学(University of Cambridge)创建,初名“新市民学院”。为了纪念在成立初期给予学院慷慨支持的约翰·哈佛(John Harvard,1607—1638)牧师,学校于1639年3月更名为“哈佛学院”(Harvard College),而1780年正式改称为“哈佛大学”。学校里还有一尊有名的“哈佛铜像”,其左脚特别光亮:传说摸他的左脚能给人智慧,所以无论是哈佛的学子还是参观的游客都会去摸一摸他的左脚。

哈佛大学是常春藤联盟(Ivy League)的成员,拥有顶尖的学术水准、显赫的名望和全球范围内的影响力,可以称之为“人才培养的摇篮”。迄今为止,美国历史上有8位总统毕业于哈佛大学。另外,哈佛大学培养了一大批闻名于世的学术泰斗、文学家、思想家,如拉尔夫·沃尔多·爱默生(Ralph Waldo Emerson,1803—1882)、亨利·大卫·梭罗(Henry David Thoreau,1817—1862)、亨利·詹姆斯(Henry James,1843—1916)等,因此哈佛大学被誉为“美国的思想库”。

二、麻省理工学院(MIT)

麻省理工学院(Massachusetts Institute of Technology,缩写为MIT),位于美国马萨诸塞州剑桥市,是一所综合性大学。

麻省理工学院虽然不是常春藤联盟的成员,但事实上与牛津大学(University of Oxford)、剑桥大学、哈佛大学等老牌大学一样受到世人的推崇。麻省理工学院最具影响力的系是工程系。麻省理工学院在高科技研究方面处于全球领先的地位,培养了很多世界级的理工精英人士。因此，麻省理工学院被认为是“世界理工大学之最”。

三、斯坦福大学(Stanford University)

斯坦福大学位于美国加利福尼亚州(State of California)帕洛阿托(Palo Alto)，靠近旧金山，是美国占地面积最大的大学之一。斯坦福大学与哈佛大学并称为美国东西两岸的学术重地。

作为美国第一个在校园内成立工业园区的学府，斯坦福大学推崇创新思维，鼓励自主创业。它是美国培养高科技人才的摇篮，因为很多高科技产品的创始人都出自斯坦福大学，其中包括惠普创始人之一的威廉·雷丁顿·休利特(William Redington Hewlett，1913—2001)、谷歌创始人之一的拉里·佩奇(Larry Page，1973—)、耐克创始人之一的菲尔·奈特(Phil Knight，1938—)等。斯坦福人的不断努力不仅成就了名校斯坦福大学，也为硅谷的建立做出了巨大的贡献，引领着世界经济与高科技产品的不断发展。

四、耶鲁大学(Yale University)

耶鲁大学位于美国康涅狄格州(State of Connecticut)，是美国第三古老的高等学府，是常春藤联盟的成员。

耶鲁大学在法律和人文专业方面的造诣是无可比拟的。迄今为止，美国历史上有5位总统毕业于耶鲁大学，还有很多的法官以及亿万富豪毕业于耶鲁大学。

文化小贴士

常春藤联盟(Ivy League):由美国东北部地区8所顶尖大学组成的联盟,包括哈佛大学(Harvard University)、耶鲁大学(Yale University)、普林斯顿大学(Princeton University)、哥伦比亚大学(Columbia University in the City of New York)、宾夕法尼亚大学(University of Pennsylvania)、达特茅斯学院(Dartmouth College)、布朗大学(Brown University)及康奈尔大学(Cornell University)。这8所大学都属于私立大学。

思考

1. 美国东西两岸的学术重地是哪里?各自侧重哪些专业的培养?

2. 哪个学校可以被称为"硅谷的摇篮"?

3. 美国的常春藤联盟的知名度与我们国家的哪些学校相当?

第四节　英国建筑风情

一、泰晤士河畔的风采

作为英国的“母亲河”，泰晤士河（River Thames）流经包括英国首都伦敦（London）在内的 10 多个城市，孕育了璀璨的大不列颠文化。位于伦敦的泰晤士河流域有许多知名建筑物，诸如格林尼治天文台、伦敦塔等。

（一）格林尼治天文台（Royal Greenwich Observatory）

格林尼治天文台坐落在泰晤士河畔的格林尼治小镇上。它曾经是一个综合性天文台，内有一条镶嵌在地上的长约 10 米的铜线。那就是闻名全球的“本初子午线”(the prime meridian),被国际上定为0°经线,同时也被定为世界时区的起点。现在天文台已搬到新的地方,而此处成了一处天文学教育基地和游客“打卡”景点(游客喜爱脚跨子午线两侧拍照,象征脚踩东西经)。

(二)伦敦塔(Tower of London)

伦敦塔是沿泰晤士河而建的、由多个塔群组成的城堡,最初被用来当作防御要塞。其中最古老的是中央的“白塔”(White Tower,因其白色的外表而得名)。

伦敦塔对英国皇室意义重大,曾是多代英国国王的居所,也是国王的加冕之地。它是王宫,也是监狱,曾收押过不少触犯律法的王室人员和政界名人。在漫长的历史中,它还充当过军火库、天文台、铸币厂等。

(三)伦敦塔桥(Tower Bridge)

伦敦塔桥横跨在泰晤士河上,相当于伦敦市的城门。伦敦塔桥是一座可移动的开启桥,既可让车辆行人顺利往来泰晤士河两岸,又能使巨型船只顺利通行。桥身共2层,上层是悬空的观光桥,观光者可通过塔楼内的楼梯上桥,领略泰晤士河畔风光;下层是道路,车辆和行人可在此通行。当巨轮鸣笛而来时,桥身会向上呈八字形渐渐开启;船只通过后,桥身就会缓慢落下,恢复通行。

(四)圣保罗大教堂(St. Paul's Cathedral)

圣保罗大教堂位于泰晤士河北岸,坐落在伦敦塔与威斯敏斯特教堂(Westminster Abbey)之间,是广为人知的宗教圣地。

最早的圣保罗大教堂追溯到公元604年(由罗马天主教徒所

建)；在不断地改建之后，才有了现在由克里斯托弗·雷恩爵士(Sir Christopher Wren，1632—1723)设计和建造的巴洛克风格大教堂，以壮丽的穹顶闻名。游客可以从教堂内部通过阶梯上到观景平台，那是欣赏伦敦全景的绝佳之地。虽然圣保罗大教堂并非英国王室专用，但英国王室在此曾举办过很多重大典礼，如查尔斯王子(Prince Charles，1948—)和戴安娜王妃(Princess Diana，1961—1997)的世纪婚礼；温斯顿·丘吉尔(Winston Churchill，1874—1965)、玛格丽特·希尔达·撒切尔(Margaret Hilda Thatcher，即撒切尔夫人，1925—2013)的葬礼等。圣保罗大教堂地下有着欧洲最大的地宫，是建筑师克里斯托弗·雷恩爵士、政治家阿瑟·韦尔斯利(Arthur Wellesley，第一代威灵顿公爵，1769—1852)、军事家霍雷肖·纳尔逊(Horatio Nelson，1758—1805)等人的长眠之地。

(五)威斯敏斯特教堂(Westminster Abbey)

坐落在泰晤士河北岸的威斯敏斯特教堂(又称“西敏寺”)是以哥特式风格建造的，毗邻议会大厦(Houses of Parliament)和大本钟(Big Ben)。

威斯敏斯特教堂为英国王室专用：历代国王在此加冕、结婚，也在此安葬。它的存在足以见证英国王室的历史。威斯敏斯特教堂的伟大在于它是王室教堂，同时也是英国许多领域的先驱者的长眠之处，其中有英国首相温斯顿·丘吉尔、科学家伊萨克·牛顿(Isaac Newton，1643—1727)、生物学家查尔斯·罗伯特·达尔文(Charles Robert Darwin，1809—1882)、文学家查尔斯·狄更斯(Charles Dickens，1812—1870)等。除了伟人墓地之外，它也是第一次世界大战期间诸多无名战士的墓地。威斯敏斯特教堂被称为“荣誉的宝塔尖”，能够在此长眠被认为是莫大的荣耀。

(六)议会大厦(Houses of Parliament)

英国议会大厦，即威斯敏斯特宫(Palace of Westminster)，是坐落在泰晤士河畔的哥特式建筑群，也是英国议会所在之地。

威斯敏斯特宫由很多塔楼组成，其中最著名的是西南角的维多利亚塔(Victoria Tower)和东北角的大本钟。维多利亚塔具有很强的防火性能，因此被用来存放议会的重要文档。该塔在议会期间会升起英国国旗。大本钟所在的钟楼[现被命名为“伊丽莎白塔”(Elizabeth Tower)]是伦敦的标志，用来向世界整点报时。该塔在议会期间会点亮上方的灯。

议会大厦内部筑有一座圆形中央大厅——威斯敏斯特大厅(Westminster Hall)。该厅是司法运作的地方，也是君主过世时的遗体陈列处。议会也被该厅分成南北两部分，分别由上议院(House of Lords)和下议院(House of Commons)管辖，上议院由贵族组成，而下议院则是由民主选举产生。

二、英国的宫殿与城堡

身处英国的人们会接触到独特的大不列颠文化，其中最具代表性的就是各种宫殿和城堡。置身于其中，人们可以观赏到各种皇家住所和花园，从而更好地了解英国历史。

(一)白金汉宫(Buckingham Palace)

白金汉宫坐落在英国首都伦敦，是英国的权力中心。

白金汉宫也是英国女王的寝宫和办公地，但不是女王唯一的住所。白金汉宫上方会升旗：若飘扬的是君主旗，则表示女王正在宫中；若飘扬的是英国国旗，则表示女王外出。同时，也只有在女王外出期间游客才能入内参观白金汉宫，否则只能在宫门外观看皇家卫队换岗仪式。

（二）温莎城堡（Windsor Castle）

温莎城堡坐落在伦敦以西的温莎镇，是英国君主的另一处居所和办公地。英国女王曾在此举办过很多国家庆典以及娱乐活动。

温莎城堡曾经是一座大型防御性城堡，其周围曾经有一条护城河，如今被改造成花园和其他建筑。温莎城堡包括上、中、下三区。上区是王室私宅，只有部分对外开放。中区是一座古代炮垒——圆塔，是古堡的地标。圆塔曾经是一座牢房，而如今用来存放重要文档。每当圆塔顶上飘扬着君主旗帜时，就表明女王在此居住。下区主要有圣乔治教堂（St. George's Chapel），曾经也有很多英国君主葬于此地。

（三）爱丁堡城堡（Edinburgh Castle）

爱丁堡城堡，顾名思义，是以爱丁堡命名的，而爱丁堡则是苏格兰（Scotland）的首府，由此可见爱丁堡城堡对苏格兰的重要性。爱丁堡城堡被建造在一座死火山上，三面是悬崖，一面是斜坡，是最难攻克的天然防御型城堡。

爱丁堡城堡的迷人之处在于它的悠久历史。因为其险峻的地势，爱丁堡城堡曾经被苏格兰用作军事要塞，有力地抵挡了对苏格兰所发动的进攻。在苏格兰历史上，爱丁堡城堡曾经还是苏格兰皇室的府邸。

每天下午1点，城墙上的古炮会鸣空炮，这个仪式被称为一点钟大炮(One O'clock Gun)，而此时的城堡门口会站立一排身穿苏格兰服饰、身佩短剑的士兵。

文化小贴士

温莎城堡的爱情故事：20世纪初，英国国王爱德华八世(Edward Ⅷ，1894—1972)偶遇了一位漂亮优雅的女子，被并她深深吸引。可是她不仅是普通百姓，还是有夫之妇。她就是辛普森夫人(Wallis Simpson，1896—1986)。爱德华八世深爱她，并为她放弃王位。退位后他被降为温莎公爵(Duke of Windsor)，并与辛普森夫人在温莎城堡中生活了数月，最后移居法国。

思考

1. 举世闻名的"本初子午线"位于哪个景点？

2. 伦敦塔桥的设计亮点是什么？美国金门大桥的设计亮点又是什么？

3. 英国体现政权的建筑是什么？中国哪些建筑是政权的体现？

4. 威斯敏斯特教堂和圣保罗大教堂有什么异同点？

第五节 英国高等学府

英国和美国一样，拥有享誉全球的高等学府。英国大约有100所不同规模、不同专长的高校，其中最有名的是牛津大学、剑桥大学和帝国理工学院。

一、牛津大学(University of Oxford)

牛津大学，位于英国学术重地牛津市。牛津大学是一所世界顶尖的公立大学。在英语国家中，它是最古老的大学之一。

据说在12世纪之前英国没有大学，学子都去法国求学。后来英法两国国王发生矛盾，英法关系恶化，导致求学的学子被迫回到英国。然后这些学子聚集在牛津，进行交流和研究。这就是牛津大学的起源。

牛津大学的建筑很有特色，很多都是塔式建筑。隶属牛津大学的各个学院分散在城市的大街小巷，因此整个牛津大学没有固定的校门和围墙，大学与城市融合在一起，因此也被称为“牛津大学城”。

牛津大学主要以人文学科和社会学科闻名世界。牛津大学无疑是“皇族和学者的摇篮”，培养了无数的政界显要人物，包括28位英国首相；牛津大学还培养了很多诺贝尔奖得主以及数不胜数的著名作家，包括塞缪尔・约翰逊(Samuel Johnson，1709—1784)、奥斯卡·王尔德(Oscar Wilde,1864—1900)等。

二、剑桥大学(University of Cambridge)

剑桥大学位于伦敦市北面的剑桥市,是英国史上第二古老的大学(仅次于牛津大学)。剑桥大学的建校与牛津大学颇有渊源。据说,牛津大学的一些学者为了躲避当地的斗殴,来到此地,创立了剑桥大学。因此,这两所大学有很多共同点,常常被合称为"Oxbridge"。剑桥和牛津两所大学就好像中国的清华大学和北京大学,不断地竞争,不断地成长。

剑桥大学主要以数理学科见长，培养了牛顿、达尔文等科学巨匠，因此被誉为“自然科学的摇篮”。英国有15位首相毕业于该校。

三、帝国理工学院（Imperial College London）

帝国理工学院位于英国伦敦，又称伦敦帝国学院，与海德公园（Hyde Park，英国最大的皇家公园）和肯辛顿宫（Kensington Palace，戴安娜王妃故居）距离很近，步行即可到达。

帝国理工学院原本隶属于伦敦大学，后来独立出来成为一所大学。从它的名字来看，它貌似只是一所“学院”，但它的学术成就享誉国际。作为英国的理工大学，它和美国的麻省理工学院具有相似的声望。

文化小贴士

《再别康桥》中的“康桥”：徐志摩（1897—1931）诗歌《再别康桥》中的“康桥”并不是指一座桥，而是指剑桥大学。因为剑桥的英语是Cambridge，Cambridge拆分成Cam和bridge，Cam发音即为“康”，而bridge意思就是“桥”，合起来就是“康桥”。因此康桥即剑桥，再别“康桥”，其实就是再别“剑桥”；而“剑桥”则是英国剑桥大学的简称。因此，徐志摩诗中的“康桥”指的就是剑桥大学。

思考

1. 牛津大学和剑桥大学有何历史渊源？

2. 英国著名的大学有哪些？简要介绍其中一所。

3. 美国哪所大学和英国剑桥大学有渊源？有何渊源？

4. 牛津和剑桥两所大学各自的研究强项是什么？

第二章

影视和音乐

第一节　英美经典影视作品

英美两国都是影视大国，下面给大家介绍一些英美经典影视作品。

一、《蝴蝶梦》(*Rebecca*)

(一)电影简介

《蝴蝶梦》是由著名导演阿尔弗雷德·希区柯克(Alfred Hitchcock,1899—1980)执导的悬疑片(suspense film)，由塞尔兹尼克国际影片公司(Selznick International Pictures)出品。该片于1940年在美国上映,获得了第13届奥斯卡金像奖的最佳影片以及黑白片最佳摄影2个奖项。

该片改编自达夫妮·杜穆里埃(Daphne du Maurier,1907—1989)所著的同名悬疑小说,主要讲述了一个年轻女子嫁入豪门后,发现所住的豪宅中时常发生一些诡异的事情,后来才逐渐明白原来丈夫的前妻丽贝卡的阴魂一直笼罩着豪宅。影片中随着前妻丽贝卡的遗体被发现,一桩匪夷所思的命案由此揭开。

(二)经典台词

1. 有时,那些小瓶子装着魔鬼,正当你试图拼命去忘记时,它们会突然跑出来瞪着你。

Sometimes, you know, those little bottles contain demons that have a way of popping out at you just as you're trying most desperately to forget.

2. 现在我们不能再失去对方!我们应该在一起——永远永远!没有秘密,没有隔阂。

We can't lose each other now! We must be together always! With no secrets, no shadows...

二、《罗马假日》(*Roman Holiday*)

(一)电影简介

《罗马假日》是由著名导演威廉·惠勒(William Wyler,1902—1981)执导的浪漫爱情片(romantic film),于1953年上映,由美国派拉蒙公司(Paramount Pictures)制作。

电影讲述了由奥黛丽·赫本(Audrey Hepburn,1929—1993)饰演的安妮公主在罗马访问期间邂逅了由格利高里·派克(Gregory Peck,1916—2003)饰演的美国记者,随后发生了浪漫的爱情故事。

虽然《罗马假日》的情节比较单一,场面也不大,却是好莱坞(Hollywood)最经久不衰的爱情喜剧电影之一,奥黛丽·赫本凭此片获得了第26届奥斯卡金像奖的最佳女主角奖项。

(二)经典台词

1. 请抬起你的头,公主,否则皇冠会掉下来。

Lift up your head, princess, if not, the crown falls.

2. 如果哪天我死去了,被安葬在尘土之下,听到了你的声音,我内心依旧会喜悦。

If I were dead and buried, and I heard your voice, beneath the sod my heart of dust would still rejoice.

三、《音乐之声》(*The Sound of Music*)

(一)电影简介

《音乐之声》,是由著名导演罗伯特·怀斯(Robert Wise,1914—2005)执导的音乐片(musicals),于1965年上映。

影片讲述了由朱莉·安德鲁斯(Julie Andrews,1935—)饰演的年轻见习修女玛利亚(Maria)到由克里斯托弗·普卢默(Christopher Plummer,1929—2021)饰演的退役海军上校特拉普

(Trapp)家做家庭老师。在大自然的熏陶中,她给孩子们上音乐课,古板的上校也被她感化了,从而让上校改变了对孩子们的态度。而此时,德国纳粹分子(Nazis)侵略了他们的祖国奥地利(Austria),上校带领全家翻越阿尔卑斯山(the Alps),逃离了德国纳粹分子的魔爪。影片获得了奥斯卡金像奖最佳影片、最佳导演等5个奖项,创造了影坛历史性的一刻。

(二)经典台词

1. 我对阳光有信心,我对雨水有信心,我深信春天会再来。而且,我对自己更有信心。

I have confidence in sunshine. I have confidence in rain. I have confidence that spring will come again. Besides which you see I have confidence in me.

2. 没有任何事物会无中生有,没有任何事物。所以在我邪恶痛苦的过去中,一定存在片刻的真实。

Nothing comes from nothing, nothing ever could. So somewhere in my wicked miserable past, there must been a moment of truth.

四、《死亡诗社》(*Dead Poets Society*)

(一)电影简介

《死亡诗社》是由罗宾·威廉姆斯(Robin Williams,1951—2014)、伊桑·霍克(Ethan Hawke,1970—)等主演的一部励志电影(inspirational film),于1989年上映。

影片讲述的是发生在威尔顿预科学院的故事。该学院一直以来都是以古板老套的方法来教育学生，但新来的文学老师基廷（Keating，由罗宾·威廉姆斯饰演）却鼓励学生解放思想，并告诉学生们要“珍惜当下（seize the day）”。基廷用自己的教学方式让学生重拾自己的兴趣、前途和梦想。他们偷偷重新成立了死亡诗社（Dead Poets Society），一起探讨诗歌和人生。不久后，诗社被学校发现，校方不仅反对基廷老师自由式的教育方法，还将学生尼尔（Neil）自杀的责任推卸到基廷的身上，并将他开除。在老师即将离开学校的时候，学生们站在桌上，并说着“哦，船长，我的船长！”（Oh，Captain! My Captain!），以表达他们会一直记得老师传达给他们的信念。

整部影片富有韵味、饱含深情且令人深思，曾获第62届奥斯卡金像奖最佳原创剧本。

（二）经典台词

1. 面对逆境不屈不挠，面对敌人视死如归。

To struggle against great odds，to meet enemies undaunted.

2. 我要成为生活的主人，而非奴隶。

Oh，I live to be the ruler of life，not a slave.

五、《阿甘正传》（*Forrest Gump*）

（一）电影简介

《阿甘正传》是由罗伯特·泽米吉斯（Robert Zemeckis，1952—）导演的剧情电影（feature film），于1994年在美国上映。

著名影星汤姆·汉克斯(Tom Hanks,1956—)在影片中饰演智商只有75的低能儿弗里斯·甘(Forrest Gump,昵称阿甘)一角。影片把阿甘塑造成有胆识、有毅力、讲信用且重感情的人物,如同美德的化身,对人只有付出不求报答。他豁达、坦然地面对生活中的挫折和逆境,只是不顾一切地奔跑,最终跑出了属于自己的人生奇迹。

《阿甘正传》因故事生动曲折,画面唯美极致,表演生动鲜活,主题深刻励志,是当年奥斯卡奖的大赢家。有观众如此评价《阿甘正传》:谢谢阿甘让我们知道了——在这个世界上,平凡是生命的另一种奇迹。

(二)经典台词

1.妈妈常常说:“生活就像一盒巧克力,你永远不会知道你将得到什么。”

Mama always said life was like a box of chocolates. You never know what you're gonna get.

2.我的时辰到了,我要离开你了。哦,别害怕,亲爱的宝贝。死亡是生命的一部分,我们注定要死去。以前我不知道怎么做一个妈妈,但我注定是你的妈妈,我也已经尽我的全力去当好一个妈妈了。

It's my time. It's just my time. Oh, now, don't you be afraid, sweetheart. Death is just a part of life, something we're all destined to do. I didn't know it. But I was destined to be your momma. I did the best I could.

六、《肖申克的救赎》(*The Shawshank Redemption*)

(一)电影简介

《肖申克的救赎》是由蒂姆·罗宾斯(Tim Robbins,1958—)主演的一部优秀的励志电影(inspiring film),于1994年在美国上映。

电影描述的是银行家安迪(Andy)在经历了妻子的出轨后,被法官误判成杀害妻子的凶手,以致最后被送进了监狱。在监狱里,安迪目睹了狱警残忍对待囚犯,监狱长贪得无厌,最后他忍无可忍,终于选择了越狱,重新获得了自由。

该片表达的主题是“希望”,正如曼德拉(Mandela)所说:“心,是一个人最强大的部分。”(Heart is the strongest part of a person.)只要我们心跳不止,那希望就一直存在,有了希望,一切皆有可能。影片所揭示的深刻的人生哲理使其获得多项奥斯卡金像奖提名,也让其在电影史上经久不衰。

(二)经典台词

1. 希望是美好的,也许是人间最美好的事物,而美好的事物永不消逝。

Remember, hope is a good thing, maybe the best of things and no good thing ever dies!

2. 生活可以归结为一种简单的选择:要么忙着生,要么忙着死。

I guess it comes down to a simple choice: get busy living or get busy dying.

七、《傲慢与偏见》(*Pride And Prejudice*)

(一)电影简介

《傲慢与偏见》改编自英国小说家简·奥斯汀(Jane Austen, 1775—1817)的同名小说,是由乔·怀特(Joe Wright)执导的浪漫爱情片,于2005年在英国上映。

影片主要围绕着"傲慢"与"偏见"两个主题,讲述了伯纳特(Bennet)家的5个女儿与富家公子之间温婉曲折的爱情故事。富家公子宾利(Bingley)和达西(Darcy)来到小镇后,有点拜金主义(money worship)的母亲便急着撮合女儿与富家公子。一开始大女儿和宾利的感情进展顺利,后来出现了状况。由凯拉·奈特莉(Keira Knightley,1985—)饰演的二女儿伊丽莎白(Elizabeth)则对态度傲慢的达西存在严重的偏见,两人明明相爱却常常恶语相对,幸好最后冰释前嫌。幸运的是,5个女儿的爱情最后还都算圆满。影片以幽默诙谐的风格讲述了爱情的真谛。

(二)经典台词

1. 他不是坏人,就财产而言,他反而是个理想的对象。

He is not vicious, and as far as fortune goes, it's an eligible match.

2. 我真心爱的人不多,看得起的人更少。

There are few people whom I really love, and even fewer of whom I think well.

八、《憨豆先生的假期》(*Mr. Bean's Holiday*)

(一)电影简介

《憨豆先生的假期》是2007年上映的喜剧电影(comedy film),主角憨豆先生(Mr. Bean)由罗温·艾金森(Rowan Atkinson,1955—)饰演。

影片讲的是憨豆先生意外中了大奖——免费去巴黎旅游的故事。憨豆先生在前往巴黎的途中偶遇俄罗斯著名导演和他的儿子史蒂芬(Stephen)。憨豆先生和史蒂芬很投缘,虽然两人无法理解对方的语言,却阴差阳错地一起游玩了巴黎。憨豆先生被误以为是绑架史蒂芬的绑匪,他自己却全然不知。等到达巴黎后,憨豆先生才突然发现自己变成了拐骗儿童的通缉犯。为了证明自己的无辜,可以继续享受愉快的巴黎之行,憨豆先生千方百计摆脱重重围追堵截,顺利地把史蒂芬送回他爸爸的身边。

(二)"憨豆先生"罗温·艾金森的经典语录

1. 很多人认为我能在舞台上让他们发笑,在现实中我也可以让他们发笑。事实上根本就不是那么回事。我其实是个相当安静,甚至是有点无聊的人,只是碰巧成了演员而已。

People think because I can make them laugh on the stage, I'll be able to make them laugh in person. That isn't the case at all. I am essentially a rather quiet, dull person who just happens to be a performer.

2. 因为种族而批判一个人,这显然是不理智的,甚至有点荒谬可笑，但是批判他们的信仰，那是一个人的权利，也是种自由。

To criticize a person for their race is manifestly irrational and ridiculous but to criticize their religion, that is a right. That is a freedom.

九、《飞屋环游记》(*Up*)

(一)电影简介

《飞屋环游记》是皮克斯动画工作室(Pixar Animation Studios)出品的动画电影(animated film)，于2009年在美国上映。

影片讲述了一位叫卡尔(Carl)的老人在年轻时答应带老伴去南美洲看瀑布，但直到老伴过世也没有实现约定。直到有一天，自家的房子面临拆迁，老人终于决定用气球带着屋子一起旅行，在路上结识了活泼可爱的小胖子罗素(Russell)，于是两人开启了一段惊险刺激又充满欢乐的冒险之旅。

(二)重温经典台词

1. 冒险就在那里。

Adventure is out there.

2. 幸福不是长生不老，也不是大鱼大肉、大富大贵。幸福是能够实现生活中每一个细小的愿望。当你饿的时候有的吃，需要爱的时候有人来爱你。

Happiness is not about being immortal nor having food or rights in one's hand. It's about having each tiny wish come true, or having something to eat when you are hungry or having someone's love when you need love.

十、《唐顿庄园》(*Downton Abbey*)

(一)剧情简介

《唐顿庄园》是由休·博纳维尔(Hugh Bonneville,1963—)、伊丽莎白·麦戈文(Elizabeth McGovern,1961—)等领衔主演的迷你连续剧(mini-series),由英国独立电视台(Independent Television,简称ITV)出品,第一季于2010年播出。

这部迷你剧向我们讲述了19世纪初发生在约克郡(Yorkshire)唐顿庄园内的曲折故事。故事是关于格兰瑟姆伯爵(Lord Grantham)一家由家产继承问题而引发的种种纠葛,呈现了森严的等级制度下英国的人间百态。

(二)经典台词

1. 爱就好比骑马和学法语,如果不在年轻时学会,以后想学会就很难了。

Love is like riding or speaking French, if you do not learn it young, it's hard to get the trick of it later.

2. 人生就是不断收集回忆的过程,最终陪伴我们终老的也只有那些回忆了。

The business of life is the acquisition of memories. In the end that's all there is.

文化小贴士

奥斯卡金像奖(Oscars):又名美国电影艺术与科学学院奖,是美国一项表彰电影业成就的奖项，每年颁发一次，旨在激励优秀电影的创作与发展。奖项由美国电影艺术与科学学院（The Academy of Motion Picture Arts and Sciences）管理并颁发，获奖者将被授予一个金色雕像的奖杯。

奥斯卡奖颁奖典礼是美国电影业界年度最重要的活动，而且也备受世界瞩目。奥斯卡金像奖与欧洲三大国际电影节——意大利的威尼斯国际电影节（Venice International Film Festival）、法国的戛纳国际电影节（Cannes International Film Festival）和德国的柏林国际电影节（Berlin International Film Festival）颁发的奖项并列，被视为世界影坛最重要的四大电影奖。奥斯卡金像奖的奖项包括最佳影片（Best Motion Picture）、最佳导演（Best Director）、最佳男主角（Best Actor in a Leading Role）、最佳女主角（Best Actress in a Leading Role）、最佳男配角（Best Actor in a Supporting Role）、最佳女配角（Best Actress in a Supporting Role）等。

思考

1. 列举本小节中提到的电影种类以及电影公司（工作室）的名称。

2. 列举你知道的华语电影奖项。

3. 你知道哪位中国导演获得过奥斯卡最佳导演奖吗？他导演过哪些电影？

4. 这10部电影（电视剧），你最感兴趣的是哪一（几）部？为什么？

第二节 英美音乐

一、美国音乐

美国音乐经过印第安人时期、欧洲音乐风格时期、音乐独立时期等长时间发展，逐渐形成了自己的独特魅力和风格，在西方音乐文化中的地位不容小觑。

(一)音乐题材与流派

1. 反抗殖民统治的歌曲

18 世纪下半叶，遭受英国殖民统治的美国人民，为了表达内心坚持斗争、反抗到底的战斗精神，创作了许多具有时代特征的歌曲。特别在美国独立战争(American Revolutionary War)时期和战后一段时期里,出现了许多在当时被广泛传唱的歌曲,如《扬基歌》(Yankee Doodle,现为美国的爱国歌曲)。当时的很多音乐作品深受教堂音乐的影响,在乐曲曲调上带有浓厚的教堂音乐色彩。

2.反映黑奴生活和南北战争时期的歌曲

19世纪下半叶,生活在美国的黑人,还在遭受蓄奴制(slavery)的压迫,内心十分压抑和痛苦,逐渐开始以歌曲来缓解内心的苦闷并表达对美好生活的向往,这一时期出现了一批反映黑奴痛苦生活的现实主义歌曲。在美国南北战争(American Civil War)时期和之后很长一段时间里,出现了很多文学艺术精品,其中也不乏歌曲。经历战争和种种磨难的人民在歌曲中寄予了希望尽快结束战争、早日迎来解放的心愿。

3.爵士音乐(jazz)

爵士乐最早发源于美国南部港口城市新奥尔良(New Orleans),之后随着人员的流动,逐渐传播到人口结构复杂的芝加哥(Chicago)、纽约等大城市,从此一发不可收拾,直至风靡全球。爵士乐以突出即兴(impromptu)而广受人们的推崇,体现了一种自由开放的音乐状态。爵士乐发展至今,主要有拉丁爵士(Latin Jazz)、新奥尔良爵士(New Orleans Jazz)、冷爵士(Cool Jazz)、自由爵士(Free Jazz)、摇摆乐(swing music)等风格。

4.摇滚乐(rock and roll)

起源于20世纪40年代末期的摇滚乐,早期以翻唱节奏布鲁斯(Blues)为主,后来加上了乡村音乐(Country music)、叮砰巷音乐(Tin Pan Alley)等音乐的元素,并逐渐发展成为别具特色的音乐风格。摇滚乐种类复杂，形态多样，已经逐渐形成了民谣摇滚（folk rock）、艺术摇滚（art rock）、迷幻摇滚（psychedelic rock）、乡村摇滚country rock）、重金属（heavy metal music）、朋克（punk）等摇滚风格。

5. 嘻哈音乐（hiphop）

嘻哈音乐起源于20世纪70年代，嘻哈即“hiphop”，意为“摇摆的屁股”，来源于美国黑人。嘻哈音乐一直在褒贬不一中跌跌撞撞地发展，如今已经在全世界流行，并对全球音乐发展产生了一定的影响。它更多体现的是一种自由的、富有个性的、带有强烈视觉和听觉冲击的街头文化，音乐形式主要是说唱（rap）。

（二）著名音乐人物

1. 猫王——埃尔维斯·普雷斯利（Elvis Presley，1935—1977）

出生于美国密西西比州（State of Mississippi）的埃尔维斯·普雷斯利是摇滚音乐史上最伟大的人物之一，他的音乐跨越种族、地域和文化，让全球歌迷为之疯狂。他以自身独特的个人魅力和超凡的音乐才华，在白人中推广黑人的节奏布鲁斯音乐，并大受欢迎。他所承受的来自各方的压力和最终取得的成功，充分印证了他的非凡之处。他的著名歌曲有《乡间野趣》（*Wild in the Country*）、《最后的火焰》（*His Latest Flame*）、《幸运符》（*Good Luck Charm*）等。

2. 迈克尔·杰克逊（Michael Jackson，1958—2009）

迈克尔·杰克逊无疑是世界音乐史上的天才，1958年出生于美国印第安纳州（State of Indiana）。杰克逊享誉世界，这源于他在作词、作曲、编曲、舞蹈、乐器演奏等方面的卓越成就。他传奇的人生经历，更是深刻影响了全球数以亿计的乐迷。

1982 年 12 月，迈克尔·杰克逊的专辑《战栗》(*Thriller*)发行，这张专辑在他的音乐生涯中具有里程碑的意义。2006 年，《战栗》获吉尼斯世界纪录认证，被评为“唱片史上销量最高的专辑”。同时杰克逊的机械舞(popping)和太空步(moonwalk)等舞蹈技术更是誉满全球，无数人被他的舞蹈天赋所折服，他给流行音乐注入了全新的活力。

2009 年 6 月 25 日，一代流行音乐巨星迈克尔·杰克逊因为心脏病发作去世。然而，他创造的音乐传奇以及杰出作品将与世长存。

3. 麦当娜·西科尼(Madonna Ciccone，1958—)

麦当娜·西科尼，1958 年 8 月出生于美国密歇根州(State of Michigan)，是美国著名的女歌手、演员，也是美国现代流行音乐巨星之一。

她的舞曲富于个性，充满着叛逆、性感和不拘一格，独特的音乐风格和特立独行的个人魅力，让她成为美国乐坛的不老神话，从 20 世纪 80 年代一直红到了 21 世纪。1991 年 1 月，她凭单曲《风尚》(*Vogue*)在第 18 届全美音乐奖中赢得最佳舞蹈歌曲奖。1997 年，麦当娜凭借《贝隆夫人》(*Evita*)获得金球奖最佳音乐剧女演员奖。2008 年 3 月，麦当娜入选美国摇滚名人堂。可以说，她是流行文化的时代先锋。

4. 惠特妮·休斯敦(Whitney Houston，1963—2012)

惠特妮·休斯敦 1963 年 8 月出生于美国新泽西州(State of

New Jersey)，她在音乐、影视、模特等领域都取得了不凡的成就。但在她的职业生涯中，作为歌手的成就更为突出，一生拥有 11 支全美冠军单曲，有 46 周在公告牌百强专辑榜夺冠，更有代表作《我会永远爱你》(*I Will Always Love You*)这样优秀的音乐作品，因此她在世界歌坛享有“美利坚之声”(Voice of America)的称号。

遗憾的是，2012 年 2 月，惠特妮意外逝世，年仅 48 岁，一颗乐坛巨星就此陨落。

5. 嘎嘎小姐(Lady Gaga，1986—)

嘎嘎小姐，原名史蒂芬妮·乔安妮·安吉丽娜·杰尔马诺塔(Stefani Joanne Angelina Germanotta)，1986 年 3 月出生于美国纽约，是美国著名流行歌手和词曲创作者。

嘎嘎小姐创造了属于她自己的传奇，表面上，她用“吐槽”来抢眼球，用奇装异服来“博出位”，用怪歌、怪语来引爆话题。其实，嘎嘎小姐一直在用真爱对抗虚伪，用我行我素对抗世俗牵绊。

嘎嘎小姐产量极高、获奖无数，充分展现了她的才华和魅力。2019 年 2 月，嘎嘎小姐凭借影片《一个明星的诞生》(*A Star is Born*)获得第 91 届奥斯卡金像奖最佳女主角提名，为影片演唱的歌曲《浅滩》(*Shallow*)获得了第 91 届奥斯卡金像奖最佳原创歌曲。

二、英国音乐

(一)英国音乐的起源

英国音乐主要由 4 个别具特色的部分组成，分别为苏格兰

(Scotland)音乐、英格兰(England)音乐、北爱尔兰(Northern Island)音乐和威尔士(Wales)音乐,同时也受到来自印度(India)、牙买加(Jamaica)等世界各地音乐的影响。在历史的长河中,英国音乐不断地融合、演变、发展,至今仍非常受欢迎。英国开创了很多影响深远的新音乐领域,比如民谣、重金属、车库摇滚、迷幻浩室、庞克等。同时,英国还出现了许多对全球极富影响力的歌手及乐团,比如披头士、比吉斯合唱团、冲击合唱团等。

英国还有独特的宗教赞美歌"安瑟姆"(Anselm),是一种将基督教的特色和盎格鲁-撒克逊人的习俗相结合的民间音乐,其中圣诞颂歌(Christmas carol)特别有代表性。

(二)著名音乐人物

1. 艾尔顿·约翰(Elton John,1947—)

艾尔顿·约翰 1947 年 3 月出生于英国伦敦的音乐家庭,从小就深受音乐熏陶,并逐渐成为英国著名流行音乐创作歌手,被誉为"英国乐坛常青树"。1994 年为电影《狮子王》(*The Lion King*)创作的歌曲《今夜爱无限》(*Can You Feel the Love Tonight*)红遍全球。目前他仍积极活跃在文化领域,2019 年还担任了电影《火箭人》(*The Rocketman*)的监制。

2. 披头士乐队(the Beatles)

披头士乐队由约翰·列侬(John Lennon,1940—1980)、林戈·斯塔尔(Ringo Starr,1940—)、保罗·麦卡特尼(Paul McCartney,1942—)和乔治·哈里森(George Harrison,1943—2001)4 名成员组成。其音乐风格源自 20 世纪 50 年代的摇滚乐,并开拓了迷幻摇滚、流行摇滚等曲风。1964年凭借歌曲《一夜狂欢》(*A Hard Day's Night*)获得第7届格莱美最佳乐队奖。1967年发行的专辑《佩珀军士寂寞的心俱乐部乐队》(*Sgt. Pepper's Lonely Hearts Club Band*)获得第10届格莱美年度专辑奖。1970年乐队解散。1988年披头士乐队进入摇滚名人堂(Rock Hall of fame)。

3. 滚石乐队(the Rolling Stones)

滚石乐队成立于1962年,是世界十大摇滚乐队之一。经历了组建时的2人时期、5人时期和后来的4人时期,无论哪个时期,都一直延续着传统蓝调摇滚的路线。滚石乐队创作了许多风靡全球的著名乐曲,获奖无数。1989年,滚石乐队入驻摇滚名人堂。2012年,滚石乐队参与了伦敦奥运会的开幕式演出,并举办了成立50周年的全球巡回演唱会(World tour concert)。

文化小贴士

格莱美奖(Grammy Award):被誉为"音乐界的奥斯卡"的格莱美奖是美国国家科学院录音艺术与科学学院(National Academy of Recording Arts and Sciences)主办的一个音乐类奖项。"格莱美"(grammy)是英文中留声机(gramophone)一词的谐音,其奖杯形状如一台老式的留声机。

全英音乐奖(Brit Awards):全英音乐奖(Brit Awards,缩写为BRITs)是由英国唱片业协会(British Phonographic Industry,缩写为BPI)创办的流行音乐奖。一年举办一次,到2021年已经是第41届,有"英国的格莱美"之称,是英国最有影响力的音乐奖项。全英音乐奖始于1977年,当年披头士乐队拿走了"最佳英国乐队"和

“年度最佳专辑”2项大奖。从那时起，全英音乐奖颁奖就成了音乐界的一大盛事，不同年代的伟大艺术家获得过该荣誉，包括迈克尔·杰克逊、皇后乐队（Queen）、艾尔顿·约翰等。

思考

1. 列举一些你喜欢的英美歌手，能说出他们的音乐属于什么流派吗？

2. 你对摇滚名人堂了解吗？有哪些著名人物入选了美国摇滚名人堂？

3. 中国有哪些类型的音乐？你觉得最能代表中国的是哪种音乐？

4. 中国著名的乐队有哪些？你最喜欢哪个乐队？他们的代表作有哪些？

第三章

饮　食

第一节　美国六大小吃

美国人的饮食习惯与中国人的饮食习惯有比较明显的差别。中国人的早餐以粥、鸡蛋、馒头、豆浆、油条为主；午餐和晚餐都是正餐，中国人会精心准备，讲求荤素搭配，追求营养价值。而美国人的早餐以面包、麦片、香肠、果汁、咖啡为主；午餐美国人一般都是吃汉堡、三明治、咖啡、热狗等；晚餐是美国人比较重视的，他们会准备牛排、猪排、烤肉、炸鸡等，还会配上蔬菜、水果和甜点等。美国的饮食文化具有非常鲜明的特色，那就是简单方便，追求效率，不主张奢华。

不难发现，美国人喜欢吃半熟的牛排，喜欢在可乐或者果汁里加冰块，也比较喜欢吃甜品，如果非要总结美国人饮食的特点的

话,那就是生、冷、甜。在美国城乡,咖啡店和快餐店比比皆是,点上一杯咖啡,吃上一个巨无霸汉堡,再配上一个冰淇淋,简单又方便。如果时间稍微宽裕,还可以点上一个小蛋糕,边吃边聊,十分惬意。虽说美国人对食物崇尚简单方便,不像中国人一样会做复杂的菜式,更多地喜欢用煎、烤、炸等方式来烹饪食物,但是美国的快餐式食物中也有很多让人难忘的美食。如果到美国旅游,可以尝试一下这些美食。

1. 阿拉斯加鳕鱼柳(Alaska cod fillets)

原料:深海鳕鱼。

特点:用阿拉斯加深海鳕鱼制作,美味健康。

制作:将调料和佐料涂抹在鳕鱼块上,放入锅内油炸至金黄色即可。

2. 夏威夷沙拉(Hawaii salad)

原料:番茄、黄瓜、香蕉、沙拉酱、三文鱼、鸡肉。

特点:夏威夷风味,清新爽口。

制作:把蔬菜、水果、肉混合在一起搅拌,根据个人喜好添加酱汁即可。

3. 美国大龙虾(American lobster)

原料:美国大龙虾。

特点:肉质滑嫩,味道鲜美,营养丰富。

制作:有蒜蓉蒸龙虾、芝士焗龙虾或清蒸大龙虾等做法。

4. 特大啃(turducken)

原料:火鸡、鸭子、鸡、香肠、熏肉。

特点:肉香浓烈。

制作方法:火鸡肚子里面塞只鸭子,再往鸭子里塞只鸡,最后往鸡里塞熏肉和香肠,慢火油炸 2 至 3 小时。

5. 布法罗辣鸡翅(Buffalo wings)

原料:鸡翅、蓝奶酪、蔬菜。

特点:既不油腻,又很有口感。

制作:将鸡翅油炸至金黄,沾着熔化的蓝纹奶酪,再配上吸收了鸡翅油的蔬菜。

6. 科布沙拉(Cobb salad)

原料:莴笋、西红柿、鸡胸肉、熟鸡蛋、培根、香葱、鳄梨(牛油果)、羊乳干酪等。

特点:制作简单,价格便宜,又有减肥功效。

制作:科布沙拉据说是由好莱坞的一家餐馆发明的,餐馆的老板名叫科布。据传,科布有一天到大半夜还没吃饭,于是把厨房里剩下的东西拼在一起,制作出了科布沙拉。所以这道沙拉的制作也极为简单,制作者可以凭自己的喜好加入不同的食材。

文化小贴士

薯片的发明:薯片非常好吃,你知道它是谁发明的吗?据说,1853 年,美国纽约州萨拉托加市的一处温泉附近,有一个叫月亮湖的宾馆,宾馆里有一个叫乔治(George)的本地人在厨房里做大厨。

一天,有位客人几次把他的炸薯块送回厨房,要求把马铃薯切得再薄一些,炸的时间再长一点。乔治脾气很差,决定给这个食客一点颜色看看。于是他把马铃薯片切得非常薄,炸得卷曲了、脆了，然后又加了盐。他想这下那个客人一定会不想吃。结果却令人吃惊，客人居然非常满意，又多叫了一份马铃薯片。

思考

1. 美国饮食文化的主要特色是什么？

2. 美国人的食物的主要特点是什么？

3. 你知道美国还有哪些有名的食物呢？请举出3种并介绍。

4. 美国独立日的时候，人们会吃哪些食物呢？

第二节 美国糖果的故事

众所周知，美国人爱吃甜的东西，作为“甜食之王”的糖果当然也是美国人喜欢的食物之一。正如每个人都有自己的故事一样，糖果也有一些自己的故事。在美国流传着下面这些关于糖果的故事。

1. 口香糖(gem)

口香糖凭其特殊的嚼劲，备受当今年轻人的喜爱。口香糖的原型是由树胶做成的圆球状的物体。故事要从 1836 年说起，当时有位将军带着一种树胶去见美国的一位冒险家亚当斯(Adams)。亚当斯注意到这位将军在说话的时候偶尔会从口袋里拿出一块树胶放在嘴里嚼，并且他的儿子也喜欢这样。有一天，亚当斯去药店买药，正巧看到一个小女孩正在买可以嚼的石蜡，于是他想起了那位将军和他儿子。于是亚当斯灵机一动，决定和药店老板两人分工合作，药店老板负责加工树胶，而亚当斯自己负责买树胶。后来亚当斯干脆租了一个场地，集中精力做这项加工树胶的行当，这也是最早的口香糖的雏形。而真正的口香糖的问世是在1848年，美国人约翰·柯蒂斯(John Curtis)发现了人们嚼树胶的喜好，于是他就创办了第一个口香糖工厂，生产口香糖并包装售卖。

2. 咸水太妃糖(Saltwater Toffee)

太妃糖其实和太妃毫无关系，仅仅是太妃糖的英文单词toffee的谐音而已，太妃糖有咸水太妃糖、牛奶太妃糖、花生太妃糖。咸水太妃糖是有其由来的。1883年的一场大风暴中，大西洋的海水浸湿了糖果制造商的太妃糖仓库，糖果制造商就笑称自己的太妃糖是咸水太妃糖，有海水味儿的。虽然叫咸水太妃糖，但糖果里面并没有咸咸的海水，只是在口味上略微带一点咸味而已。

3. 棉花糖(cotton candy)

棉花糖发明于1900年左右的美国。棉花糖由饴糖制成，如果人摄入过量的糖，迟早有一天要去看牙医，然而棉花糖的发明者恰恰是一位叫威廉·詹姆斯·莫里森(William James Morrison)的美国牙医。在1904年的圣路易斯世界博览会上，他和约翰·C.沃顿(John C. Wharton)向大众展示了棉花糖机和机器制作的棉花糖，获得了民众的青睐，并卖掉了将近7万份棉花糖。早期的棉花糖机在制作棉花糖时需不断用脚踩踏以带动马达，糖丝才会缓缓而出，后来才出现电动的棉花糖机。

4. 士力架(Snickers)

士力架是我们现在非常熟悉的一款以补充能量为卖点的产

品，想必我们大多数人都听到过士力架的广告语“横扫饥饿，做回自己”。士力架有着悠久的历史，由弗兰克·玛尔斯(Frank Mars)和艾瑟尔·玛尔斯(Ethel Mars)创立的玛氏公司(Mars Inc.)经过3年的研发，在1930年开始发售。然而你知道士力架的名字是如何得来的吗？士力架这个名字其实是艾瑟尔心爱的马的名字。在士力架上市的前几个月，艾瑟尔的马Snickers死了，这是一次沉重的打击。于是，她和丈夫弗兰克决定用爱马的名字Snickers来命名即将上市的新糖果，也就有了我们现在知道的士力架(Snickers)。

5. M&M豆(M&M)

M&M豆在今日还是特别受到小朋友的青睐，因为小朋友往往会被它五彩斑斓的颜色所吸引。M&M豆和士力架一样，都是美国玛氏公司的产品。M&M豆最早有5种颜色，即棕色、红色、紫色、黄色、绿色。然而，红色色素曾一度被认为会危害人的健康，所以当时就把红色剔除了。后来证实红色色素对人体是安全的，在1987年红色才被重新加入M&M豆的颜色中。另外，很多人可能认为M&M豆和彩虹糖是一样的，虽然两者长得很像，但其实它们是两回事儿。细心一点你就会发现，两者的区别在于彩虹糖印的字母是S，M&M豆印的字母是M。

6. 跳跳糖(pop rocks)

小时候我们都吃过跳跳糖，当放进嘴里的时候，跳跳糖立马会发出噼里啪啦的声音，给人一种舌头麻麻的感觉。跳跳糖是1956年由美国通用食品公司(General Mills Inc.)的科研人员发明的，一包跳跳糖售价50美分，有各种口味，如葡萄味、橙子味和樱桃味等。跳跳糖背后也有许多故事。

1979 年，市场上流传着一个谣言，说有个孩子同时食用了跳跳糖和苏打水，然后就爆炸了。当时此事引起了轩然大波，对跳跳糖市场一度产生了重大的影响。为此美国食品药物管理局（Food and Drug Administration，简称 FDA）还专门设了热线，解答家长对孩子吃跳跳糖的疑问。尽管当时通用食品公司做了很多的宣传工作来辟谣，但最终跳跳糖还是在 1983 年被迫退出市场。至于跳跳糖重新火起来进入大众视野是后来的事情了，直至今日，类似的谣言依旧存在。虽然跳跳糖和苏打水一起食用不会引起爆炸，但是会让你的胃翻江倒海，所以还是需要注意。

文化小贴士

美国人最爱的三款口香糖：劲浪（Airwaves）口香糖，这款口香糖很有知名度，超强劲薄荷味带来的呛喉咙的超凉口感就是这款口香糖最与众不同的地方；极地冰爽（Dentyneice）口香糖与平时我们吃到的有少许的水果味或者轻微的薄荷味的口香糖不同，这款口香糖在薄荷味的强劲度上大大加强，甚至让人吃起来感觉凉得有点刺激；手榴弹（Grenades）口香糖的口味更是刺激，还进行了专业的“呛凉指数”分级，目前市面上常见的口香糖“呛凉指数”多为 3 级以下，而手榴弹口香糖却高达 9 级，可想而知它的口感有多刺激。

思考

1. 这些美国的糖果故事中，让你印象最深的是哪一个？请说明理由。

2. 美国设立了国家棉花糖日，你知道是哪一天吗？

3. 美国除了糖果故事以外，还有哪些食物也有自己的故事？请举出2种美国食物并介绍其背后的故事。

4. 你知道中国有哪些糖果故事吗？

第三节　英国十大地道美食

英国和美国都是西方国家，在饮食文化和习惯上也有一定的相似性。美国人饮食文化的特色是简单方便，英国饮食文化也有这样的特色。英国人一天吃四餐，早餐、中餐、下午茶和晚餐。英国人注重早餐，传统的英式早餐食物是相当丰富的，有熏肉、炸蘑菇等，但是由于现在早上时间比较赶，所以早餐也相对简单，主要是麦片、粥和培根等。午餐和美国人的一样简单快速，一般是三明治居多。下午茶要根据时间的宽裕程度，宽裕的话，英国人会悠闲地喝上地道的英式下午茶，如果时间较赶，那也就是喝杯茶、吃点饼干而已。而晚餐是英国人很注重的部分，他们喜欢比较晚吃晚餐，晚餐一般是牛排、烤肉和蔬菜。对于英国家庭来说，晚餐是家人联络感情的好时机，所以他们一般会边吃边聊，吃上好久。

英国人饮食文化的特点还体现在其制作方式上，一般英国人不喜欢复杂的烹饪方式，常用的烹饪方式有烤、蒸、煮。他们做菜的时候也很少放调味品，而是在吃的时候放些个人喜欢的调料，比如盐、胡椒粉、酱汁等。

1. 黄油酥饼(shortbread)

黄油酥饼的魅力在于其酥脆的口感，将一块黄油酥饼放进嘴里，不用咬，那松松软软的感觉和黄油的香醇早已经征服了你的味蕾，让你欲罢不能。黄油酥饼不但形状各异，有圆形、方形或手指形状的，而且口味也很丰富，有水果味、巧克力味等，形状和口味的丰富也使得它非常受大众欢迎。要说英国最受欢迎的黄油酥饼，那当属苏格兰的黄油酥饼了，很多游客都会买回去送给亲朋好友。

2. 香肠土豆泥(bangers and mash)

香肠土豆泥这道美食的主要材料是香肠和土豆，一般就是将土豆捣成土豆泥，然后在上面铺上2到3根香肠。为了使这道美食更香更入味，最后一道工序是在上面淋上厚厚的洋葱牛肉汁，这样就非常美味了。这道美食在英国非常受欢迎，无论是在餐厅点餐还是在家做菜，都是出现率非常高的一道美食。因为像土豆和香肠这样的食材准备起来比较方便，也符合英国人在烹饪习惯上崇尚的简单的风格，所以备受英国家庭的青睐。

3. 哈吉斯(haggis)

哈吉斯这个名字让人听了觉得很神秘，因为仅仅从名字上我们根本无法知道这是一道什么样的菜，连基本的食材都无法知道。想必大家都吃过香肠吧，香肠的外层是一层肠衣，里面是捣碎的肉。而哈吉斯的制作就类似于香肠。这道美食的所有食材都是羊身上的东西，制作起来并不是很难。把羊心、羊肝、羊肺等内脏和洋葱以及各种调味料一起捣碎装进羊的胃里，然后放入水中煮熟即可。所以这道美食吃起来其实有点像吃羊肉肠。

4. 星期日烤肉(Sunday roast)

顾名思义，这道美食叫星期日烤肉的原因在于它主要被安排在星期日享用。烤肉当然是这道菜的主要食材，但是肉的种类可以是多种多样的，牛肉、羊肉或者鸡肉都可以。除了烤肉以外，其实还有一样必不可少的蔬菜，那就是土豆，土豆是英国人非常喜欢的一种蔬菜。而其他的蔬菜可根据个人喜好随意搭配，比如胡萝卜、西兰花、卷心菜等。人们还会在烤肉和蔬菜上淋上各种风味的酱汁，使其更加鲜美、入味。星期日烤肉往往还会配上约克郡布丁食用。

5. 约克郡布丁(Yorkshire pudding)

约克郡布丁实际上是烤肉的配菜，主要是烤牛肉的配菜。其实约克郡布丁不像我们通常见到的布丁那样滑嫩，它是由面糊烤出来的，口感更像是松软的咸面包。不过形状还是跟我们所看到的布丁相近，是碗状的。因此，人们也会用约克郡布丁存放肉汁。烤牛肉和约克郡布丁一起食用，受到了英国大众的青睐，而约克郡布丁这道美食也成为英国最有名的配菜之一。

6. 炸鱼薯条(fish and chips)

炸鱼薯条是英国有名的街头小吃，其中的鱼是指鳕鱼。炸鳕鱼是将鳕鱼周围裹粉以后放在油锅里煎炸至金黄色，而薯条也比我们常见的薯条要粗厚一些。炸鱼薯条一定要趁热吃，一口咬下去，首先感受到的是外皮的松脆，接着是鱼肉的鲜嫩，真是美味极了。在英国的小镇上，你很容易就可以找到卖炸鱼薯条的小铺子，铺子不会很大，一般只有一个柜台。这道美食是英国最受欢迎的小吃之一。

7. 屈莱弗(trifle)

屈莱弗是英国有名的一道甜品，也是英国的传统甜品。这道美食的制作食材主要是水果、饼干和蛋糕。屈莱弗的做法是将水果、饼干、蛋糕跟奶油混合一层一层地叠上去，所以屈莱弗最大的特点就是层层叠叠。这道甜品有点类似于我们现在的水果杯，它和炸鱼薯条、约克郡布丁一样，也是非常受英国人喜爱的一道美食。

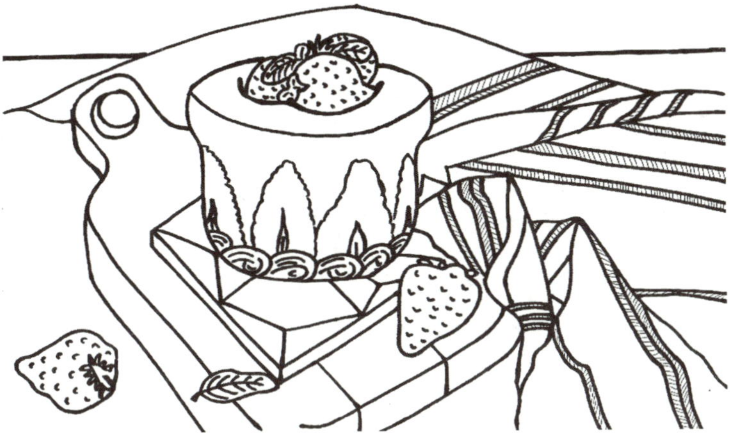

8. 奶油茶(cream tea)

奶油茶是茶类的一种,但是并不是由茶叶泡制而成的。奶油茶是作为下午茶供人们品尝的,通常由红茶、草莓酱、司康以及凝固的奶油组成。在食用的时候,将草莓酱和奶油涂抹在司康上吃进嘴里,再喝上一口热气腾腾的红茶,别有一番滋味。你可以在英国的咖啡店买到奶油茶,奶油茶口味独特,备受英国人喜爱。

9. 威尔士兔子(Welsh rarebit)

威尔士兔子这道美食既没有兔子,跟威尔士也没什么关系,它其实是一种干酪。做法是将奶酪、酱汁等调味料涂抹在面包片上,然后烤至香脆。烤好后的威尔士兔子散发出的香气会让人垂涎不已。

10. 康沃尔馅饼(Cornish pasty)

在英国,你可以品尝到多种多样的馅饼,在康沃尔制作的馅饼是其中最好吃的。康沃尔馅饼历史悠久,是名副其实的传统英国小吃。它是在金黄色饼皮里面裹入牛肉、土豆、洋葱和调料等烤制而成的。康沃尔馅饼有点像放大版的煎饺，但是馅料的独特风味才是康沃尔馅饼的特色所在。

文化小贴士

沙拉酱的起源：沙拉酱的吃法最早起源于米诺卡岛(Minorca)上一个叫作马翁(Mahon)的小镇。据说在18世纪中叶，当时属于英国领地的米诺卡岛被法国军队攻占。法国的一位公爵到此喝酒，询问店家："有什么好吃的东西吗？"店家回答："不知合不合您胃口，如果要吃肉的话这里倒有些。"公爵大人心情不错地说："嗯，做得好吃点。"店家随后便去厨房，过了一会儿就端了一份上面沾满酱的美食上来，公爵表示很疑惑，店家解释道："这是我们岛上经常吃的一种酱，怎么样？您尝尝味道如何？"公爵吃后表示很不错，并向店家询问了酱的配方，这种酱就是沙拉酱的前身。

思考

1. 英国的饮食文化具有什么特点？请具体说明。
2. 说说十大英国美食中你最喜欢的美食，并简单说明原因。
3. 英国美食数不胜数，你还知道其他经典的英国美食吗？
4. 中国更是美食的天下，你能说出中国各大城市的经典美食吗？

第四节　品味英式下午茶

一、英式下午茶的起源

翻开历史书，我们不难察觉英国具有独特的下午茶文化传统。该传统最早是由葡萄牙的凯瑟琳(Catherine of Braganza，1638—1705)公主带去英国的。当时葡萄牙已经通过地理大发现和殖民掠夺积累了大量的财富，凯瑟琳公主嫁给英国国王查理二世(Charles Ⅱ，1630—1685)的时候，带了非常丰厚的嫁妆到英国，而中国的茶也是其中之一。同时公主把葡萄牙的饮茶习惯带到了英国，查理二世经常陪公主喝茶，贵族们为了讨好英王，也跟着喝茶。后来一位叫安娜(Anna)的公爵夫人在享用完午餐后觉得非常无聊，而晚餐要晚上 8 点才开始，她开始思考如何打发这么长的时间。于是她让人准备好茶、黄油面包和蛋糕在下午晚些时候享用，后来英国的上流人士纷纷效仿，逐渐形成了喝英式下午茶的风气。百余年转瞬即逝，公爵夫人早已化为尘土，可是她的名字却因为英式下午茶而为人津津乐道。

二、真正的英式下午茶

下午茶给人一种惬意轻松的感觉，而真正的英式下午茶不光如此，还带有一种独特的优雅风致，让人迷恋。这种优雅除了体现在茶具和点心的精致上以外，还体现在饮茶者自身精心的打扮以及仪态上。所以有人说，喝英式下午茶不仅是喝茶，而且是享受一种优雅惬意的氛围。

早期的英式下午茶是贵族们用来打发时间的，所以英式下午茶首先离不开价格不菲的茶。当茶壶中的水缓缓地与茶叶交融的时候，茶香扑鼻而来，是一番独有的享受。接着轻轻端起茶杯，小酌一口，有种被美味征服的感觉。除了茶以外，正宗的英式下午茶的点心是装在一个精美的3层托盘架上的。品尝点心的时候通常是从下往上吃，口味上按照从咸到甜的顺序。迷人的3层托盘架里有下面这些美味：底层通常是三明治，一般是做成手指状的，夹有黄瓜、三文鱼、鸡肉和火腿等偏咸味的食物；中层一般都是司康，通常会涂上奶油和果酱；最上层通常是甜品，种类丰富，一般会有马卡龙、水果挞和小糕点等。

三、正宗英式下午茶的礼仪

餐巾：将餐巾对半折成长方形铺在双腿上，男性一般将餐巾开口朝外；而女性可将餐巾开口朝内，便于用内侧擦口红而不被看到。

倒茶：先倒茶，然后根据需要添加牛奶和糖。过去下层民众因使用粗瓷茶杯怕热茶倒入导致茶杯被烫裂而需要先倒牛奶，但上层贵族采用的优质骨瓷茶杯无此顾虑，现今的茶杯通常也无此顾虑。

茶杯与杯托：在正常高度的餐桌前用茶，可不端杯托直接端起茶杯喝茶；如果茶具是放在像茶几这样较低的地方，或者饮茶者坐在沙发上想向后靠着沙发背饮茶，需要左手将杯托连同茶杯一起端起，喝的时候再用右手端茶杯。

搅拌：用右手拿汤匙以垂直于自己的方向在杯中前后画直线（即6点钟到12点钟方向）循环往复，不要画圈也不要碰杯子，不能发出声响，搅拌完后也不要碰杯子，将汤匙轻轻放回杯托。

奶油和果酱：吃司康前用刀取些奶油放在自己的盘子一边，用果酱碗里配的小勺取些果酱放在自己盘中的奶油旁边。

司康：用手横向将司康掰成两半，不能用刀切。然后用刀将自己盘中的奶油和果酱涂在司康上，顺序随意，但不要将两半司康合在一起像汉堡一样吃，而是两半分别吃。

顺序：3层点心托盘，从下往上吃，点心口感由咸到甜。

中途离席：不要将餐巾纸放在桌上，而要放在椅子上。餐毕才将餐巾放在桌上。

文化小贴士

贵族的下午茶：我们知道，凯瑟琳公主带到英国的嫁妆里有一箱来自中国的茶叶。但是你知道吗？当时茶叶还是奢侈品，因为特别稀少，所以非常昂贵。当时英国和中国也没有直接的贸易往来，就算后来有了贸易往来，从中国进口茶叶的关税也非常高。所以那个时候英式下午茶只是贵族们的享受，昂贵的茶叶价格令普通民众根本无法承受。

思考

1. 你能概述英式下午茶的起源吗？
2. 简单地阐述一下真正的英式下午茶必须具备哪几个要素。
3. 美式下午茶是怎么样的呢？它的主要特色食物又有哪些？
4. 英式下午茶与美式下午茶有哪些相同点和不同点？

第五节 英美餐桌礼仪

一、美国人的餐桌礼仪

餐桌礼仪主要是指用餐时的礼仪，包括进餐礼仪、使用餐具礼仪和餐桌谈话礼仪。每个国家都有自己的餐桌礼仪，下面先来看看美国人有哪些餐桌礼仪。

1.餐巾

进餐前将餐巾铺在双膝上，可对折，也可整张平铺，视餐巾大小情况而定。需要擦嘴巴的时候头微微向下低一点，用餐巾的一角擦去油渍即可，切勿用整张去擦拭。

2.吃沙拉

吃沙拉时首先应该将沙拉酱淋在沙拉上，然后右手拿叉吃沙拉。如果沙拉中的菜叶子太大的话，可以用刀将叶子切开食用。

3.吃鱼

吃鱼的礼仪主要体现在对鱼刺的处理上，我们吃鱼一般是直接将鱼刺从口中吐出。事实上，这样的做法在不是很熟的朋友间还是会略显不雅。美国人的吃鱼礼仪，是将鱼刺用叉接住轻轻放入盘子边沿，这样就避免了不雅和尴尬。

4.取面包

取面包应该用手去拿，然后放在旁边的小碟中或大盘的边沿上。取黄油应用黄油刀，黄油取出要放在旁边的小碟里，不要直接往面包上抹。不要用刀切面包，也不要在整片面包上涂黄油，而应该一次扯下一小块，吃一块涂一块。

5. 刀叉

刀叉使用的基本礼仪是右手用刀、左手用叉。但是前面我们提到过只用叉时，可用右手拿。一般用刀切肉注意不要发出声音。用叉吃面需注意是卷面而不是挑面来吃。而刀叉的摆放位置也有不同的含义，若呈八字形摆放，意味着只是中途离席；若将刀叉齐置，则表示用餐结束。

6. 交谈

在美国人的餐桌礼仪中，就餐的时候一直保持沉默是不礼貌的，所以要用恰当的声音和身边的人交谈。不过不要在嘴里还有食物的情况下进行交谈。另外，和大多数国家的餐桌礼仪一样，咀嚼的时候最好不要发出声音或者尽量减小声音。

二、英国人的餐桌礼仪

1. 餐巾纸的尺寸

关于英国的餐巾尺寸问题，一般来说午饭时用 17—20（折合 43.18—50.8 厘米）英寸的餐巾，下午茶用 12—15 英寸（折合 30.48—38.1 厘米）的餐巾，晚餐用 25—27 英寸（折合 63.5—68.58 厘米）的餐巾，鸡尾酒会一般用 6—9 英寸（折合 15.24—22.86 厘米）的餐巾。

2.坐姿

我们提到英国人,往往会想到一个词"绅士"(gentleman),在餐桌上的英国人更是如此。他们坐姿非常端正,非常优雅,而且坐着的时候手肘不会靠在椅背上。在正式宴会上用餐时,身体要坐直,后背不要靠到椅背,手肘不能放到桌面上。

3.喝汤

喝汤的时候不要直接端起碗喝,要用汤勺喝。注意用勺子舀汤的时候要从中间往外沿舀,不要碰到碗壁而发出声音,否则会显得不礼貌。

4.面包涂黄油

英国人的饮食中都有餐前面包,而面包是需要涂上黄油一起吃的。注意涂黄油的时候一定要用专门的黄油刀来涂抹,另外就是涂抹的时候注意面包屑不要掉进放黄油的小碟子里,不然会略显尴尬。

5.刀叉

如果要中途离场,要记住刀叉交叉,刀在下,刀刃朝内,叉在上,叉齿朝下。吃完饭后,一般要将刀叉并排放在盘子中。叉子要放在刀的左边,保持叉子齿朝上。严格的用餐礼仪比这个要复杂得多,包括很多细节,这取决于主人的阶级层次和宴会的规格。

6.谈话

和美国人的餐桌谈话礼仪一样,在餐桌上,你应该和身边的人进行适当的交流,不要冷落邻座,不然显得不礼貌。然后,当桌上主座的女士轻轻咳嗽一声时,你就和另一边的邻座交流,这就叫作"轮流交流",轮流交流也是英国特有的餐桌文化。还有就是切记在餐桌上千万不要谈论宗教、政治、信仰、金钱、工作等敏感话题，不然会把整个餐桌的气氛弄得很尴尬。

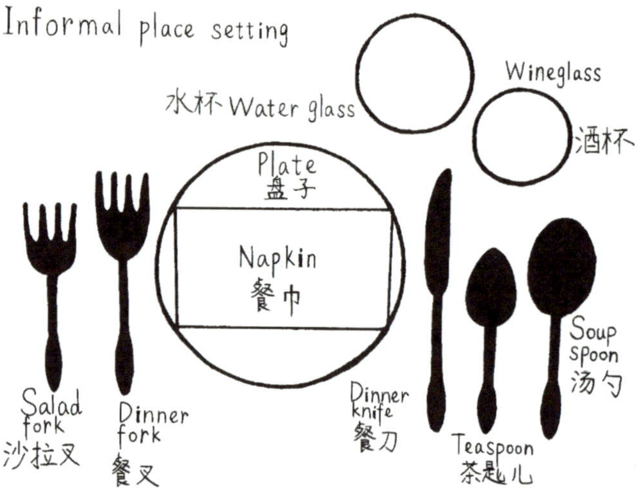

文化小贴士

西方餐桌礼仪的起源：西方餐桌礼仪起源于法国墨洛温王朝(Merovingian Dynasty，481—751)，由于受到拜占庭文化的启发，法国人制定了一系列精到的礼仪。到了罗马帝国的查理大帝(Charles the Great)时，礼仪更为复杂而专制，皇帝必须坐最高的椅子，每当乐声响起时，王公贵族必须将菜肴传到皇帝手中。在17世纪以前，戴着帽子进餐是传统习惯。帝制时代餐桌礼仪显得繁琐与严苛，不同民族有不一样的用餐习惯：高卢人坐着用餐，罗马人卧着进食。法国人从小被教导用餐时双手要放在桌上，而英国人却被教导不吃东西时双手要放在大腿上。时至今日，在一定程度上和一定范围内，餐桌礼仪在欧洲国家保留了下来。当你前往欧洲朋友家做客时，穿上体面的衣服，携带适当的礼物，言谈举止处处显现出优雅与涵养，这些永远都是必要的。

思考

1. 比较一下英美餐桌礼仪的异同点。
2. 英美国家的餐桌礼仪中，有哪些也是适用于中国的？
3. 中国人的餐桌上还有哪些具体礼仪？
4. 西方餐桌礼仪的起源是什么？请简要阐述。

第四章

人　物

第一节　美国著名人物

能被美国人铭记或者载入史册的名人，都是对美国的诞生和发展有重大影响甚至起决定性作用的人物。下面给大家介绍 5 位不同领域的美国著名人物。

一、乔治・华盛顿(George Washington，1732—1799)

(一)人物生平简介

乔治・华盛顿是美国的第一任总统。在美国独立战争期间，华盛顿率领大陆军团战胜了英军。1787 年，华盛顿率领议会制定并通过了《美国宪法》。他主张国家独立，反对殖民统治，坚持共和制，反对君主制，认为权力属于人民。虽没有废除奴隶制，但“解放黑奴”是他一直以来的心愿。

(二)与华盛顿有关的名词

美国有很多与“华盛顿”有关的名词，我们一起来了解下吧。

1. 华盛顿州(State of Washington)

华盛顿州是为了纪念美国总统华盛顿而命名的，位于美国西北部，其首府是奥林匹亚(Olympia)，最大的城市是西雅图(Seattle)。

2. 哥伦比亚特区华盛顿市(Washington D. C.，美国首都)

在美国，有 20 多个华盛顿市。为了避免和其他华盛顿市混淆，首都华盛顿一般会写成 Washington D. C. 。

3. 华盛顿大学(University of Washington)

华盛顿大学，简称 UW，建于 1861 年，位于美国城市西雅图，是世界顶尖的研究型大学。中国武术大师李小龙曾就读于此。

4.《华盛顿邮报》(The Washington Post)

华盛顿邮报是美国规模最大、历史最长的报纸，以报道国内政治新闻见长。20 世纪 70 年代初曾揭露了水门事件(Watergate Scandal)，迫使尼克松(Nixon)总统下台。

二、马丁·路德·金(Martin Luther King, Jr,1929—1968)

(一)人物生平简介

马丁·路德·金，是出生于美国佐治亚州(State of Georgia)亚特兰大市(Atlanta)的非裔美国人，是美国著名的民权运动领袖。

大学毕业后，马丁·路德·金担任了牧师，后当选为蒙哥马利市有色人种协进会执委和主席，并领导大规模的群众游行示威。

1963 年 8 月 28 日，马丁・路德・金在林肯纪念堂（Lincoln Memorial），做了著名的《我有一个梦想》（*I Have a Dream*）演讲。1964 年，马丁・路德・金获得诺贝尔和平奖。1968 年 4 月，马丁・路德・金遇刺身亡，年仅 39 岁。

（二）马丁・路德・金纪念石像

在美国华盛顿特区的潮汐湖畔坐落着马丁・路德・金的石像。雕塑者是来自中国湖南的雷宜锌，这位中国的雕塑家将马丁・路德・金坚毅挺拔的形象表现得惟妙惟肖，而且雕塑所用的黄岗岩产自中国福建，负责装吊工作的也都是中国人，是地地道道的“中国制造”（Made in China），也让我们对这个历史人物更加有亲切感。

（三）演讲《我有一个梦想》原文节选

I say to you today, my friends, and so even though we face the difficulties of today and tomorrow, I still have a dream. It is a dream deeply rooted in the American dream.

I have a dream that one day this nation will rise up and live out the true meaning of its creed: “We hold these truths to be self-evident, that all men are created equal.”

I have a dream that one day on the red hill of Georgia, sons of former slaves and sons of former slave owners will be able to sit down together at the table of brotherhood.

I have a dream that one day, even the state of Mississippi, a state sweltering with the heat of injustice, sweltering with the heat of oppression, will be transformed into an oasis of freedom and justice.

I have a dream that my four little children will one day live in a nation where they will not be judged by the color of their skin but by the content of their character.

I have a dream today!

三、阿尔伯特·爱因斯坦(Albert Einstein,1879—1955)

(一)人物生平简介

阿尔伯特·爱因斯坦出生于德国的一个犹太人家庭。爱因斯坦1900年毕业于苏黎世联邦理工学院并加入了瑞士国籍,后获苏黎世大学物理学博士学位。因受到纳粹势力迫害,爱因斯坦被迫移居美国,在普林斯顿大学担任教授,主要研究理论物理学。

爱因斯坦成功地解释了光电效应,并提出了相对论,还为开发核能奠定了理论基础,被尊为20世纪最伟大的物理学家之一。

(二)主要理论

1. 光电效应(photoelectric effect)

光电效应指的是在高于极限频率的电磁波的照射下,某些物质内部的电子吸收能量后弹出而形成电流,即光生电。爱因斯坦因解释了光电效应而获诺贝尔奖物理奖(the Nobel Prize for Physics)。

2. 狭义相对论(special relativity)

狭义相对论是以狭义相对性原理和光速不变原理为基本假设

区别于牛顿时空观的新的平直时空理论。爱因斯坦认为在惯性(inertia)参考系下，空间和时间并不是相互独立的，而应该用四维的时空来描述。

3. 广义相对论(general relativity)

广义相对论结合了狭义相对论和牛顿的万有引力定律(the law of gravitation)，这一理论将引力描述成因时空中的物质与辐射能量而弯曲的时空曲率。

四、比尔·盖茨(Bill Gates，1955—)

(一)人物生平简介

比尔·盖茨，生于美国西雅图，是美国微软公司(Microsoft)创始人之一，也是微软公司的前董事长、首席软件设计师，连续22年高居《福布斯》杂志(*Forbes*)全球富豪榜榜首。他还是个慈善家，用自己的资产建立了比尔与梅琳达·盖茨基金会(Bill and Melinda Gates Foundation)，目的是促进全球卫生和教育领域的平等。

(二)关于比尔·盖茨的9件事儿

1. 在中学就读时，少年盖茨在一台电脑上写下第一个计算机程序——一款人机对战的井字棋游戏。

2. 学校发现盖茨拥有编程的能力，就让他帮忙编写了一个关于学生课程的程序。为了能和“更多有趣的女生”一起上课，他偷偷修改了代码。

3. 盖茨的SAT成绩是1590分，满分为1600分。

4. 为了能够全身心投入微软事业，盖茨在1975年从哈佛大学辍学。

5. 盖茨曾经通过记住员工的车牌号码来监视他们的上下班情况。

6. 盖茨一直比较节约，出行都会选择坐经济舱。1997 年，他却买了架私人飞机。

7. 除私人飞机外，他的最大挥霍是在一场拍卖会上拍得的一份莱昂纳多·达·芬奇书写的手稿，花了 3080 万美元。

8. 盖茨每年至少会读 50 本书。他说："阅读依然是我学习新知识和测试理解力的主要方式。"

9. 盖茨自称迄今为止最大的遗憾就是不会任何外语。

五、科比·布莱恩特(Kobe Bryant，1978—2020)

(一)人物生平简介

人称"黑曼巴"(Black Mamba)的科比·布莱恩特，出生于美国费城(Philadelphia)，是美国 NBA 洛杉矶湖人队(Lakers)的篮球运动员。在他的篮球生涯中，科比获得过很多奖项。他善于组织和防守，投篮、罚球和三分球都是他的强项，是 NBA 中得分最高的选手之一。

2016 年 4 月 14 日，科比·布莱恩特宣布退役。2020 年 1 月 26 日，科比不幸在卡拉巴萨斯(Calabasas)因直升机事故遇难，年仅 41 岁。

(二)关于科比的 2 件事儿

1. 凭借投篮发现篮筐低了 0.6 厘米

NBA 球员杰拉德·亨德森(Gerald Henderson)曾经分享过一个关于科比的小故事，在 2009 年的时候亨德森还是一个新秀，对阵湖人的比赛前他早早来到了篮球场，他发现科比一个人在那里练习投篮。亨德森决定好好观察下科比，看看能不能学到几招，结果亨德森发现科比居然连续投球不中。后来科比停下了投篮，他找来了工作人员说："这个篮筐有问题，我投丢了一些不该投丢的球。"结果工作人员在仔细检查过篮筐之后发现篮筐真是低了 0.6 厘米。这下让亨德森彻底惊呆了——科比居然可以通过投篮来发现篮筐的问题。

2. 夜里骑车穿越 40 英里沙漠

科比训练师爆料，科比曾经带着他在夜里开着探照灯骑车穿越了 40 英里(折合约 64 千米)的沙漠。沙漠的环境大家应该都有所了解，夜里更是恶劣到极点，科比他们还要骑车穿越，这件事情就连 NBA 球员格里芬(Griffin)听到后都感到无比震惊，他觉得科比实在是太疯狂了。

文化小贴士

《福布斯》(*Forbes*)：《福布斯》是由苏格兰人福布斯于 1917 年创办的，是美国的一本商业类杂志。该杂志主要以金融、工业、投资和营销等方面的内容为主，因其富豪排行榜而为全世界所熟知。

美国职业篮球联赛(NBA)：美国职业篮球联赛(National Basketball Association)简称 NBA，于 1946 年 6 月 6 日在纽约成立，聚集了世界最顶级的篮球球员，同时 NBA 也是美国四大职业体育联盟之一。大家所熟知的 NBA 球员有迈克尔·乔丹

(Michael Jordan)、勒布朗·詹姆斯(LeBron James)、科比·布莱恩特、姚明等。

思考

1. 你知道以上哪个人物的画像出现在美元纸币上吗？其他美元纸币上又分别是哪些著名人物的画像？

2. 美国历史上有很多为解放黑奴而努力的著名人物，你能说出他们的名字吗？

3. 你知道中国有哪几个篮球明星曾经加入过 NBA 吗？他们曾经为哪支球队效力过？

4. 你最喜欢哪个美国著名人物？他的什么事迹让你为之感动？

第二节　英国著名人物

英国著名的历史人物你了解多少？从政界到文化界、从历史人物到现代人物，他们在各自的领域为英国乃至为全世界发展做出了杰出贡献，值得被所有人铭记。

一、弗洛伦斯·南丁格尔(Florence Nightingale，1820—1910)

(一)人物生平简介

弗罗伦斯·南丁格尔出生在意大利。她自幼就在家里接受教育，后不顾母亲的反对，毅然去了德国学习护理知识。她觉得相比让人羡慕的贵族生活，成为一名为人民服务的护士可以让人生更有意义。学成之后，她前往伦敦的医院工作。

克里米亚战争(the Crimean War)期间，她和38位护士到克里米亚野战医院工作，并担任该院的护士长，为士兵们提供医疗护理。战争结束后，南丁格尔被人们称为“民族英雄”。后来，南丁格尔还用政府奖励的基金，创办了世界上第一所正规的护士学校。

南丁格尔的努力大大提高了护士的形象和社会地位，而“南丁格尔”也成为护士精神的代名词。为了纪念她，人们把 5 月 12 日（南丁格尔的生日）定为国际护士节（International Nurses Day），还将以她名字命名的奖章——“南丁格尔奖章”（Nightingale Medal）作为国际护理界的最高荣誉。

二、温斯顿·丘吉尔（Winston Churchill，1874—1965）

（一）人物生平简介

温斯顿·丘吉尔生于英格兰牛津郡的一个贵族家庭。他是 20 世纪最伟大的政治领袖之一，曾两度出任英国首相（Prime Minister），并领导英国人民取得了第二次世界大战的胜利，是雅尔塔会议（Yalta Conference）的“三巨头”[其余两人为美国总统罗斯福（Roosevelt）和苏联主席斯大林（Stalin）]之一。同时，他也是一位伟大的作家，荣获了 1953 年的诺贝尔文学奖（the Nobel Prize for literature）。丘吉尔是历史上掌握英语单词数量最多的人之一（据说他的词汇量有 12 万多），他还被美国《人物》杂志列为近百年来最有说服力的演说家之一，并获诺贝尔和平奖（the Nobel Prize for Peace）提名。

（二）丘吉尔逸事

温斯顿·丘吉尔是英国有史以来最受欢迎的首相，但有关这位政治家的一些事实可能会让你感到惊奇。

1. 酷爱雪茄

温斯顿·丘吉尔的经典形象是嘴唇之间夹着一根巨大的雪茄。他年轻时就酷爱抽雪茄，每天要抽八九支。但他从来不吸一口，就是一直夹着直到熄灭，然后再点燃一支。

2. 在白宫一丝不挂

1941 年，丘吉尔在美访问期间，有一次，丘吉尔刚洗完澡，光着身子在白宫的浴室里踱步，总统罗斯福在白宫一些官员的陪同下看到了全裸的丘吉尔，正要准备离开，然而丘吉尔却说，在最亲密的盟友面前，他没有什么可隐藏的。

3. 两个丘吉尔

当时在美国，也有个叫温斯顿·丘吉尔的作家，著有很多小说，其中最著名的是《理查德·卡维尔》(*Richard Carvel*)。为了区分，两人最终一致决定英国的丘吉尔署名“Winston S. Churchill”，而美国的丘吉尔则署名“Winston Churchill”。

三、戴安娜·弗兰西斯·斯宾塞(Diana Frances Spencer, 1961—1997)

(一)人物生平简介

戴安娜·弗兰西斯·斯宾塞出生于英国诺福克的一个贵族家庭，她是威尔士亲王查尔斯(Charles)的第一任妻子，亦是威廉王子(Prince William)和哈里王子(Prince Harry)的亲生母亲，人们通常称她为“戴安娜王妃”。

戴安娜心系苦难之中的人们，她善良的品行深深地感动了许多人。

(二)人民的王妃

戴安娜王妃美丽而善良,资助筹建了几十个慈善基金会。她的慈善行为,改变了人们心中皇室贵族冷冰冰的形象,被英国首相布莱尔(Blair)称赞为“人民的王妃”(the people's princess)。

1. 她改变了人们对英国君主制的看法

戴安娜多次去医院和学校,并参与筹款活动,而且她还会和人们交流,走进他们的内心世界。她通过自己的慈善行为,表明了皇室是如何与公众保持联系的。

2. 她改变了世界对艾滋病的看法

1987 年 4 月,当艾滋病病毒肆虐时,黛安娜被邀请去英国的德斯里克斯医院看望一个艾滋病病人,她与病人握手时没有戴手套。这一行为改变了人们对艾滋病传播方式的错误认识,也体现了戴安娜对艾滋病病人的关爱和同情。

四、斯蒂芬·威廉·霍金(Stephen William Hawking, 1942—2018)

(一)人物生平简介

斯蒂芬·威廉·霍金出生于英国牛津,是现代最伟大的物理学家之一。

21 岁时,霍金患上肌肉萎缩性侧索硬化症(amyotrophic lateral sclerosis,简称 ALS),但依旧在科学领域有着卓越的贡献。霍金主要研究的课题是关于宇宙论(Cosmology)和黑洞(Black Hole)的。2018 年 3 月 14 日,霍金逝世,享年 76 岁。天才的离世引发全世界人民的悼念。

除了物理学家的角色，他还有以下这几个身份。

1. 影视明星

1992年，霍金在《星际迷航：下一代》（*Star Trek: the Next Generation*）中出演了自己，在剧中他与爱因斯坦、牛顿一起打牌。“虽然短暂，但却精彩，每个镜头都有黑洞般的容量”是导演对他表演的评价。此外，霍金还客串过《生活大爆炸》（*The Big Bang Theory*）等剧集。

2. 作家

霍金著有《时间简史》（*A Brief History of Time*）和《果壳中的宇宙》（*the Universe in a Nutshell*），他想用最简洁明了的文字，向普通民众传递宇宙学知识。《时间简史》是霍金的成名作，主要讲述了宇宙是如何形成的，同时也对黑洞和宇宙大爆炸（Big Bang）等物理学理论做了详细的解释。

（二）学术思想

1. 外星人论（alien theory）

外星人一直是科学家们热议的话题，霍金就曾在纪录片《跟随斯蒂芬·霍金进入宇宙》（*Follow Stephen Hawking into the Universe*）中提到，外星人存在的可能性很大，但人类不要主动去寻找他们，而是应尽一切努力避免与他们接触。

2. 星际移民（interstellar migration）

霍金表示，由于人类的自私和贪婪，地球的资源正在一点点被耗尽，地球迟早会灭亡。如果人类还想一直延续下去，就必须移民到火星或其他的星球。

五、大卫·贝克汉姆(David Beckham,1975—)

(一)人物生平简介

大卫·贝克汉姆是出生于英国伦敦的前职业足球运动员。大卫·贝克汉姆在曼彻斯特联足球俱乐部(Manchester United F.C.)成名,两次获世界足球先生银球奖,曾当选欧洲足球协会联盟(Union of European Football Associations,缩写为 UEFA)最佳球员和英国最佳运动员,2010 年获得 BBC 终身成就奖。

(二)英国足球界的名片人物

1. 贝克汉姆和足球

贝克汉姆虽然频繁参与商业活动,但是他仍然按照职业球员的要求每周参加训练和比赛。一方面是因为他热爱足球,另一方面他也仍然坚持着想代表英国国家队继续出战的梦想。

贝克汉姆是目前英格兰球员里为国家队出场次数最多的球员,共计 115 次。他还曾任国家队队长 6 年,参加过 3 届世界杯。在 1996/1997 赛季第一场英格兰超级联赛的比赛中,贝克汉姆以一记超级远射攻破对手的球门而震惊世界,一举成名,许多中国球迷也因此认识了贝克汉姆。

2. 贝克汉姆和家庭

贝克汉姆 24 岁时和歌手、设计师维多利亚(Victoria)奉子成婚,被称为天作之合。维多利亚和贝克汉姆有 3 个儿子和 1 个女儿。贝克汉姆是一位公认的好父亲,经常带孩子观看各种体育赛事。即使忙碌，他也会抽出时间与家人一起旅行，为家人做早餐。他曾在美国电视节目《艾伦秀》（*The Ellen DeGeneres Show*）上说家庭在他的生命里是最重要的，家庭是他这辈子最大的成就。

文化小贴士

国际足联世界杯（FIFA World Cup）：简称“世界杯”，是世界上规格最高、知名度最高、竞技水平最高的足球比赛，与奥运会并称为全球体育最顶级的两大赛事。

思考

1. 你听说过“南丁格尔奖”吗？你知道有哪些中国人获得过此奖吗？

2. 上述英国著名人物中哪几位与中国之间有过故事？请你说说看。

3. 英国的著名人物远不止书中罗列的几位，请说说你了解的英国著名人物以及他们的事迹。

第五章

文　学

第一节　英美两国的文学名著

一、《鲁滨逊漂流记》(*Robinson Crusoe*)

《鲁滨逊漂流记》由英国作家丹尼尔·笛福(Daniel Defoe，1660—1731)所著。《鲁滨逊漂流记》可以说是一部励志小说，激励了很多有理想、有抱负的人不畏艰难，不断进取。

(一)故事梗概

鲁滨逊出生于商贾之家，但他对经商不感兴趣，反而爱上了航海。为此，他不惜违背父亲的愿望，踏上航海的征途。出海过程中所遇到的暴风雨并没有使他放弃。尽管航海颇具危险，但他依然遵从自己的理想，投身于航海中。在一次航海中，鲁滨逊不幸遇到了海盗，被俘成为奴隶。后来，船只触礁沉没，唯他一人幸存。他在大海中不断坚持，终于漂到一座荒岛。为了活下去，他竭尽所能地从船只的残骸中取得一些生存物资，包括枪、火药、食物和水，然后开始了在岛上的独立生活。

他在岛上盖房子，开荒种地，驯化动物，用兽皮做衣服；他用小刀在十字架上刻痕来记录日期；他用日记来记录岛上所发生的事情。恶劣的生存环境不是鲁滨逊唯一需要克服的，他还要与野兽和野人斗争。整整24年，他靠着勇气、智慧和毅力独自生活，克服了种种困难。有一天，鲁滨逊救了一个野人，因为那一天正好是星期五，所以鲁滨逊给他取名“星期五”(Friday)并教化他。在鲁滨逊和星期五的不断努力下，他们在岛上创建了一个美好的家园。鲁滨逊在岛上生活了 28 年，最终在途经的英国轮船船员的帮助下回到了文明社会。

(二)佳句欣赏

我的脾气是决心做一件事情，不成功决不放手的。

My temper want decision to do an affair, not success will never let go.

害怕危险的心理比危险本身更可怕！

Afraid of the risk of psychological risk than their more frightening!

这两句话是鲁滨逊的内心独白，都能体现出他是一个心性极其坚定的人，他不畏艰险，胸怀坦荡，心怀希望。正因为如此，他才能在岛上存活 28 年之久，并最终平安回归。鲁滨逊虽然只是一个小说人物，但不失为我们的生活榜样、精神楷模。

二、《傲慢与偏见》(*Pride and Prejudice*)

《傲慢与偏见》由英国女小说家简·奥斯汀(Jane Austin, 1775—1817)所著。小说主要围绕乡绅之女伊丽莎白·班纳特(Elizabeth Bennet)和富家子弟达西(Darcy)之间的爱情故事进行展开，同时也穿插了班纳特家其余四姐妹的情感纠葛。

(一)故事梗概

小乡绅家庭班纳特家有 5 个如花似玉的姐妹。伊丽莎白是老二，她有1个姐姐简(Jane)以及3个妹妹玛丽(Mary)、凯蒂(Kitty)以及丽迪亚(Lydia)。班纳特太太一生的目标就是把5个女儿嫁给有钱人。

有人告诉班纳特太太，新搬来的邻居宾利(Bingley)是个黄金单身汉。她激动地想尽一切办法去结识他。在一次舞会上，宾利对班纳特家的大女儿简一见倾心。当天舞会上还有一个浑身散发魅力的男人，他是宾利的好朋友达西。他出身豪门，英俊多金，为人有点玩世不恭。伊丽莎白和达西就此相识。

刚开始的时候，达西表现出不可一世的傲慢，认为乡下女人都配不上他，因此不屑与这些人交谈；伊丽莎白则因为强烈的自尊心，非常讨厌这个玩世不恭的达西，也不屑去搭理他。可是在短暂的接触后，达西很快被这个美丽而又率真的女子所吸引，并深深地爱上了她。达西不顾门第之见，勇敢地向她表白，但伊丽莎白因为对他的误会和偏见，毫不留情地拒绝了他。达西开始反思，意识到正是自己的傲慢和不可一世拉开了他与伊丽莎白的距离，只有改变傲慢的性子，他才有可能获得伊丽莎白的芳心。于是他开始慢慢地改变自己为人处世的态度与方式。日久见人心，伊丽莎白慢慢地感受到达西的善良以及他的种种变化，特别是他曾经的不可一世已全然不见踪影。慢慢地，伊丽莎白消除了对他的误会和偏见，两人终成眷属。她的姐妹们也在她与达西的帮助下，过上了各自想要的生活。

(二)佳句欣赏

只有真挚的爱才能让我结婚，这就是为什么我终将会成为一位老姑娘。

Only deep love will persuade me to marry, which is why I'll end up an old maid.

干什么都好,可是没有恋爱万万不要成婚。

Do anything rather than marrying without affection.

从以上伊丽莎白所说的话中,可以看出她是一个崇尚爱情、有自己的想法、坚定不移的姑娘。正是这个姑娘鲜明的人物性格成就了这部以现实生活为题材的小说。故事中伊丽莎白和达西之间从相互不屑到相知相爱的感情经历是众人所钦佩和羡慕的。对班纳特一家人的描述,显示了当时的社会现状,小说字里行间透露出作者的爱情婚姻观:她反对物质性的婚姻,也反对游戏性的婚姻,她认为有共同的思想感情基础的婚姻才是幸福的。

三、《简·爱》(*Jane Eyre*)

《简·爱》由英国女作家夏洛特·勃朗特(Charlotte Bronte,1816—1855)所著。该书主要讲的是一个孤儿在各种磨难中坚守初心、勇于反抗、争取自由和爱情的故事。这个孤儿就是简·爱,她是英国文学史上叛逆、独立的女性形象之一,是众多女性的楷模。《简·爱》可以教会我们如何独立、如何追求真爱。

(一)故事梗概

简·爱从小失去双亲,由舅舅抚养。但舅舅去世之后,舅母凌虐她,表兄妹欺负她,把她送进了孤儿院。简在孤儿院受尽摧残,但她顽强地活了下来。8 年炼狱般的生活使她对孤儿院厌恶至极。

在她有能力后，就迫不及待地登广告求职，最后她被桑菲尔德庄园(Thornfield Manor)雇佣，去那里当家庭教师。

从此，简的命运彻底发生了改变。有一天，简外出回庄园的路上，帮助了一位坠马的男士。这位男士恰巧是桑菲尔德庄园的主人罗切斯特(Rochester)。他们的缘分由此开始。后来在一个夜里，简被阵阵骇人的笑声吵醒。醒来后的她在寻找笑声的过程中，发现罗切斯特的床着火了。简赶紧把他叫醒，帮助他灭了火。

在简和罗切斯特接触的过程中，他们互相爱上了对方，并决定结婚。在婚礼上，简得知罗切斯特已婚，但妻子是个疯女人，之前那把火也是这个疯女人放的。简无法接受这个事实，也无法原谅罗切斯特的隐瞒，于是连夜离开。

身无分文的简在流浪过程中遇到牧师圣约翰(St. John)，被他收留，后来经他介绍去当地的小学教书。简在那里过着平静的日子，直到圣约翰向简求婚。圣约翰求婚的理由是他需要简协助他去非洲传教。简知道自己的心一直在罗切斯特身上，于是果断地拒绝了求婚，并回到桑菲尔德庄园寻找罗切斯特。不幸的是，庄园已被烧毁，疯女人在放火时坠楼身亡，罗切斯特也已经双目失明并失去了左臂。最后简坚定不移地守在罗切斯特身边，与他结婚，过上了自己一直追寻的生活。

(二)佳句欣赏

我越是孤独，越是没有朋友，越是没有支持，我就得越尊重我自己。

The more the more the more I alone, no friends, no support,

I will respect myself.

难道就因为我一贫如洗，默默无闻，长相平庸，个子瘦小，就没有灵魂，没有心肠了——你想错了，我的心灵跟你一样丰富，我的心胸跟你一样充实！

Do you think, because I am poor, obscure, plain, and little, I am soulless and heartless? You think wrong! —I have as much soul as you,—and full as much heart!

作者通过对简·爱的语言和心理描写，生动形象地刻画出一个不安于现状、敢于反抗、勇于追求真爱的女子。《简·爱》创作于英国妇女尚无地位的年代，简的这种勇气是当时的女性所缺少的，也是当时很多人所羡慕的。这也是《简·爱》这本书能够成为经典巨著的一个原因。

四、《汤姆·索亚历险记》(*The Adventures of Tom Sawyer*)

《汤姆·索亚历险记》由美国作家马克·吐温(Mark Twain, 1835—1910)所著，讲述的是一个小镇上的小男孩沿着密西西比河(Mississippi River)历险的故事。

(一)故事梗概

汤姆·索亚(Tom Sawyer)从小失去双亲，由姨妈收养，可是汤姆不服管束，整天和姨妈斗智斗勇；调皮捣蛋的汤姆也厌烦学校老师刻板的教导，经常逃学闯祸。汤姆和哈克贝里·费恩(Huckleberry Finn)是好朋友，经常一起跑出去玩。

有一天夜里，为了测试胆量，他们相约到墓地玩耍，却在那里目睹了一起凶杀案。他们看到印第安·乔(Injun Joe)和鲁滨逊医生(Doctor Robinson)在盗墓寻宝藏的过程中发生了分歧,乔杀了鲁滨逊,嫁祸给醉汉波特(Muff Potter)。他们吓得不敢吭声,怕凶手会杀害他们。后来在法庭审理这场凶杀案时,汤姆经过不断的心理挣扎后鼓足勇气指认了凶手乔。乔逃走了。不久之后,他们几个好朋友举办了一次野餐活动。他与喜欢的姑娘贝琪·撒切尔(Becky Thatcher)走进了一个岩洞,因为迷路,他们被困在里面三天三夜,却无意中发现了杀人犯乔的踪迹。后来汤姆借助绑在石头上的风筝成功脱险,和那些来寻找他们的人堵住了洞口。回去之后,汤姆把乔的藏身之处告诉了贝琪的爸爸撒切尔法官(Judge Thatcher)。等人们赶到山洞时,发现乔被饿死在山洞里。最后,汤姆和哈克一起找到了凶手埋藏的宝藏。

(二)佳句欣赏

我沐浴在大自然的怀抱中,让柔和的晚风轻抚着鬓角,吹去一切郁闷和烦恼。

I bathed in the bosom of nature, gentle breeze blow lightly stroking temples, all depressed and troubles.

正在这灰心绝望的时刻,他突然灵机一动,计上心来。这主意实在是聪明绝伦,妙不可言!

At this dark and helpless moment, an inspiration bursts upon him! Nothing less than a great and magnificent inspiration.

这部小说以非常幽默的笔调讲述了一系列充满童趣和激情的儿童历险故事。马克·吐温把自己和同学的童年生活经历浓缩在了这些文字当中，书中的角色都取材于生活，是生活中各种人物性格的组合。故事开始的时候，汤姆表现出的是一个顽劣、不服管教的问题儿童的形象，但是随着故事的不断进展，我们发现他其实是一个聪明、勇于探索而又充满正义感的孩子。这部小说表面是一个生动有趣的探险故事，但是结合当时的社会背景，我们可以看出，它实则蕴含了对当时社会的讽刺和批判：讽刺虚伪的宗教仪式，批判呆板的学校教育。马克·吐温笔下的历险记令小孩子向往，给大人带来曾经的美好回忆。

五、《老人与海》(*The Old Man and the Sea*)

《老人与海》是美国小说作家欧内斯特·海明威(Ernest Hemingway，1899—1961)的代表作。这部荣获普利策奖(Pulitzer Prize)的小说以写实的手法讲述了一位年迈的古巴渔夫在捕捉大马林鱼的过程中所遇到的艰难险阻。

(一)故事梗概

一位叫桑地亚哥(Santiago)的老渔夫出海捕鱼，可是连续84天他连鱼的影子都没见到，但他仍然心怀信念，觉得自己肯定能捕到鱼。终于在又一次出海的时候，一条比小船还长的大马林鱼上钩了。可是鱼太大了，使劲地拖拽着小船往大海远处游去。老人好不容易等到一条鱼，死拉着不肯放手，即便手抽筋也没有放弃。经过两天两夜的拉拽和搏斗之后，老人终于把大马林鱼杀死。不幸的是，大马林鱼的血腥味引来了很多鲨鱼。渔夫拼尽全力，利用一切可以利用的东西作武器，与前来夺食的鲨鱼进行了殊死搏斗。

最终，老人全身挂彩，无力地回到岸上，只带回来一副巨大的鱼骨。

(二)佳句欣赏

现在不是去想缺少什么的时候，该想一想凭现有的东西你能做什么。

Now is no time to think of what you do not have. Think of what you can do with what there is.

人不是为失败而生的。一个人可以被毁灭，但不能被打败。

A man is not born to fail. One can be destroyed, but not defeated.

上述老渔夫的心理活动体现出他内心的强大——心存信念、勇于挑战、永不放弃。整部小说呈现的是一种奋斗的人生观，即使面对不可战胜的困难，人们依然可以选择努力奋斗。明知不可为而为之，即使结果是失败的，但在努力的过程中，这种奋斗精神是不可打败、不可磨灭的。老渔民是一位失败的英雄(failed hero)，正如海明威所说："一个人可以被毁灭，但不能被打败。"

文化小贴士

哥特小说(Gothic novel)：维多利亚时代(Victorian era)的勃朗特三姐妹——夏洛蒂·勃朗特、艾米莉·勃朗特(Emily Bronte，1818—1848)、安妮·勃朗特(Anne Bronte，1820—1849)，都受到哥特小说的影响，这主要表现在她们小说所具有的哥特式气氛上。例如，在艾米莉·勃朗特的《呼啸山庄》一书中，呼啸山庄阴森恐怖、半夜闹鬼，复仇者的形象充满了哥特式的神秘恐怖。《简·爱》

里的罗切斯特庄园中的疯女人，半夜哭笑、放火等，也都是哥特式风格的体现。

思考

1.《鲁滨逊漂流记》和《汤姆·索亚历险记》有何共同之处？又有何不同之处？

2. 在你看来，《汤姆·索亚历险记》中的汤姆是个怎样的孩子？

3.《简·爱》和《傲慢与偏见》这两部爱情小说所体现的主旨分别是什么？

4. 如何理解《老人与海》中“一个人可以被毁灭，但不能被打败”这句话？

第二节 英美两国的文学巨匠

一、英国戏剧家威廉·莎士比亚(William Shakespeare, 1564—1616)

威廉·莎士比亚，人称“莎翁”，是英国最杰出的戏剧家，也是世界级的文学巨匠。

莎士比亚在埃文河畔的斯特拉特福镇(Stratford-on-Avon)长大。在7岁时，他被送到当地的学校念书，在那里学习了基本的写作技巧。在13岁时，他原本富裕的家庭破产，莎士比亚不得不离家去赚钱。在毫无背景的伦敦，莎士比亚做过很多工作，历尽艰辛最终成为剧院的合伙人。莎士比亚凭借自己的才华和努力，从一无所有的穷小子变成了富豪。

莎士比亚一生硕果累累，共著有39部戏剧、154首十四行诗、2首长叙事诗。其写作生涯大致分为3个阶段。

早期(1590—1600)的主要作品是历史剧和喜剧，如历史剧《亨利三世》(*King Henry Ⅲ*)，四大喜剧——《仲夏夜之梦》(*A Midsummer Night's Dream*)、《威尼斯商人》(*The Merchant of Venice*)、《皆大欢喜》(*As You Like It*)、《第十二夜》(*Twelfth Night*)。著名的悲剧《罗密欧和朱丽叶》(*Romeo and Juliet*)也是在这个时期完成的。

中期(1601—1607)的作品以悲剧为主，他常常描写牺牲与复仇，旨在批判社会的黑暗，其四大悲剧《哈姆雷特》(*Hamlet*)、《奥赛罗》(*Othello*)、《李尔王》(*King Lear*)、《麦克白》(*Macbeth*)皆在这一时期创作。

晚期(1608—1612)的作品主要以悲喜剧(又称为传奇剧)为主，风格浪漫梦幻，如《辛白林》(*Cymbeline*)、《暴风雨》(*Tempest*)等。

二、英国诗人威廉·华兹华斯(William Wordsworth，1770—1850)

威廉·华兹华斯是英国最伟大的诗人之一。他没有沿袭传统的古典主义诗学，反而标新立异地书写以自然与人生关系为主题的诗歌，有力地推动了英国浪漫主义诗歌运动的发展。因其在诗歌上的突出成就，他被称为“桂冠诗人”，同时也被誉为“莎士比亚、弥尔顿之后的一代大家”。

威廉·华兹华斯出生于英国昆布兰湖边区域，曾就读于剑桥大学圣约翰学院。大学毕业后在法国经历了法国大革命。由于经济拮据，加上英法两国政局紧张，华兹华斯被遣送回英国。在对革命感到失望并受到来自同学900英镑的接济之后，他和妹妹多萝西·华兹华斯(Dorothy Wordsworth，1771—1855)搬到了儿时乡下的湖边，实现了回归自然的愿望。后来他结识了诗人塞缪尔·泰勒·柯勒律治(Samuel Taylor Coleridge，1772—1834)，两人合作完成了英国浪漫主义文学的开山之作《抒情歌谣集》(*Lyrical Ballads*)。后来，华兹华斯和柯勒律治以及妹妹多萝西三人结伴去德国游历，回来后就在昆布兰湖区边定居。因此，华兹华斯与柯尔律治又被称为“湖畔派诗人”，有此称誉的诗人还有罗伯特·骚塞(Robert Southey，1774—1834)。

1797年到1807年的10年是华兹华斯创作的黄金时期，他写了许多有关大自然及人生关系的诗歌，如自传体诗《序曲》(*The Prelude*)、组诗《露西》(*Lucy Poems*)、《孤独的收割人》(*The Solitary Reaper*)、《漫游》(*Excursion*)等。他的诗歌正应了他自己所写的诗句“朴素生活，高尚思考”(plain living and high thinking)。

三、英国小说家简·奥斯汀(Jane Austin，1775—1817)

简·奥斯汀，英国著名女性小说家，其作品主要关注乡绅家庭女性的婚姻和生活。

简·奥斯汀出生于一个乡村家庭，家中有兄弟姐妹 7 人。其父亲是知识渊博的教区牧师，母亲也具有一定的文化，家里藏有大量的书籍。这样的家庭环境给她提供了很好的阅读条件，培养了她的写作兴趣。她从 14 岁就开始创作。在 21 岁的时候，奥斯汀遇到了她的爱情，她对年轻的律师汤姆·勒弗罗伊（Tom Lefroy，1776—1869）一见钟情。但当时奥斯汀的家人希望她找一个家境殷实的丈夫，而勒弗罗伊的家人也希望他与富家女联姻。最后他们的爱情无疾而终。这段初恋对奥斯汀的文学创作具有很大的影响，她把所有情感寄托在自己所写的小说中，希望在故事中能找到她想要的爱情。

简·奥斯汀一生创作了 6 部作品：《理智与情感》（*Sense and Sensibility*）、《傲慢与偏见》（*Pride and Prejudice*）、《诺桑觉寺》（*Northanger Abbey*）、《曼斯菲尔德花园》（*Mansfield Garden*）、《爱玛》（*Emma*）、《劝导》（*Persuasion*）。由于当时社会对女性的偏见，她的所有作品都是匿名发表的。奥斯汀通过对日常生活中人们的言行举止和人际关系的细致观察，以细腻的笔触，把平凡的人和事刻画得栩栩如生。这种写实的写作风格为 19 世纪的现实主义小说的发展做出了巨大的贡献。她的作品后来也都被改编成影视作品，深受观众喜爱。

四、英国小说家查尔斯·狄更斯（Charles Dickens，1812—1870）

查尔斯·狄更斯，著名的批判现实主义小说家，是英国 19 世纪小说繁荣时期最杰出的代表作家。

在狄更斯小时候，其父因债务入狱，狄更斯只能辍学去鞋厂当童工。后来，他去律师事务所当学徒、记录员，还去报社当过记者。在狄更斯一生中，爱情并不顺利：曾经的初恋把他当作爱情游戏的对象，婚姻的不顺又使得他和妻妹产生了一段禁忌之恋。童年的艰苦和爱情的不顺让狄更斯尝尽生活百态，让他用一双批判的眼睛来看待世界，因此他的作品倾向于关注社会底层劳动人民的生活状态，批判上层社会和资产阶级的虚伪。

狄更斯一生艰苦创作，著有长篇小说 10 余部，中篇小说 20 余部，还有数百篇短篇小说，其中举世瞩目的有《匹克威克外传》(*The Pickwick Papers*)、《雾都孤儿》(*Oliver Twist*)、《大卫·科波菲尔》(*David Copperfield*)、《双城记》(*A Tale of Two Cities*)、《远大前程》(*Great Expectations*)等。最后，他在创作小说《艾德温·德鲁德之谜》(*The Mystery of Edwin Drood*)时去世。

五、美国作家马克·吐温(Mark Twain，1835—1910)

马克·吐温是美国著名作家、演说家，是美国批判现实主义文学的奠基人。

马克·吐温出生于一个乡村的贫穷家庭，家有兄弟姐妹 7 人。由于家境贫困，他只能边上学边打工。在他 12 岁时，父亲去世，他只好辍学去印刷厂当学徒。他还当过报童、排字工人、水手、淘金工人、记者等。后来，他开始用“马克·吐温”这个笔名进行写作。事实上，他的真实姓名是萨缪尔·兰亨·克莱门(Samuel

Langhorne Clemens)。

马克·吐温一生创作了大量作品,有小说、话剧、散文、诗歌等,其代表作品有《百万英镑》(*The Million Pound Bank Note*)、《哈克贝利·费恩历险记》(*The Adventures of Huckleberry Finn*)、《汤姆·索亚历险记》(*The Adventures of Tom Sawyer*)。马克·吐温的作品以幽默与讽刺的风格,深刻地剖析社会的不合理现象以及人性的丑陋,表现出对真正的民主和自由生活的向往。

六、美国作家欧内斯特·海明威(Ernest Hemingway, 1899—1961)

海明威是美国记者、著名作家,曾获诺贝尔文学奖。

海明威曾经以记者身份参加过两次世界大战,写下无数战地新闻,这为他创作小说积累了无数的素材。可以说,他是"新闻体"小说的创始人。战地记者生涯铸就了海明威"文坛硬汉"的形象。海明威一生的感情生活无比荒唐,先后结过四次婚。有人曾说"海明威每写一部小说就要换一位太太",事实上好像确实如此,每次离异重新结婚期间,他总会创作出一部旷世巨著。他是才子,是优秀的作家,但不是好丈夫、好父亲。由于人生观、价值观的偏差,他往往在自己的作品中表现出对人生、社会感到迷茫和彷徨,因此被人称为美国文学"迷惘的一代"(Lost Generation)的代表作家。晚年的海明威精神十分抑郁,最终饮弹自尽。

海明威文笔简洁明快,以极简练的语言塑造人物。这种写作风格以及他丰富的人生阅历造就了海明威一生的辉煌成就。

他的作品中最著名的是《太阳照常升起》(*The Sun Also Rises*)、《永别了，武器》(*A Farewell to Arms*)、《丧钟为谁而鸣》(*For Whom the Bell Tolls*)和《老人与海》(*The Old Man and the Sea*)。其中《老人与海》曾获普利策奖，又让海明威夺得了诺贝尔文学奖。

文化小贴士

狄更斯世界(Dickens World)：为了纪念文学巨匠查尔斯·狄更斯，英国斥巨资在狄更斯曾经生活过的肯特郡查塔姆区兴建一座以文学为主题的大型主题公园，命名为“狄更斯世界”，有点类似于迪士尼乐园。狄更斯世界的游乐项目全部以狄更斯的著名小说为原型而建设，如《双城记》《匹克威克外传》《大卫·科波菲尔》《远大前程》等。

思考

1. 莎士比亚的四大悲剧和四大喜剧分别是什么？

2. 哪些诗人被称为“湖畔派诗人”？为什么称他们为“湖畔派诗人”？

3. 简·奥斯汀的代表作有哪些？她的小说主要围绕什么主题来展开？

4. 英国和美国最具影响力的文学奖有哪些？中国的重要文学奖有哪些？

第六章

节　日

第一节　英美两国的重要节日

一、圣诞节

（一）圣诞节的由来

12 月 25 日是耶稣(Jesus)诞生的日子，基督教为了纪念耶稣诞生，将每年的这一天定为圣诞节(Christmas Day)。

圣诞节原来只是基督教的节日，后来演变成了一个全民性的节日，在许多国家这个节日可以和新年相提并论，是一年中最盛大的节日，和中国的春节(spring festival)类似。

圣诞节前夜(Christmas Eve)也称平安夜，这个时候一家人会团聚在一起，围着圣诞树(Christmas tree)唱圣诞歌，大家互相交换礼物，分享这一年来的喜怒哀乐，传达对彼此的祝福与爱。平安夜还会看到一群群可爱的少男少女，弹着吉他，唱着诗歌，一家一家报佳音。

在圣诞节到来的时候，西方人家家户户都要用红、绿、白这三种圣诞色来装饰。圣诞花(Christmas flowers)和圣诞蜡烛(Christmas candles)是红色的。圣诞树是绿色的，这是圣诞节最主要的装饰品，一般会用杉树、柏树一类呈塔形的常青树，在上面挂上各种各样的礼物和纸花，还有五颜六色的彩灯，当然还要点燃圣诞蜡烛。

圣诞老人(Santa Claus)是圣诞节最受欢迎的人物,他的衣服上的红色与白色相映成趣。西方小朋友在平安夜临睡前,要在壁炉前、床头或者枕头旁放上一只袜子,等待着他们睡着了以后,圣诞老人会把礼物放在袜子里。在西方国家,扮演圣诞老人也是一种习俗。

(二)圣诞节传统习俗

1. 圣诞聚会(Christmas party)

圣诞节的聚会必不可少,在家人、朋友或者情人之间的聚会上,人们纵享亲情、友情和爱情欢聚的好时光。人们一起戴上圣诞帽(Christmas hat),欢唱圣诞歌,分享各自的圣诞愿望。

2. 圣诞大餐(Christmas dinner)

圣诞节是如此隆重的一个节日,那一定少不了美食。一般的主菜就是圣诞节火鸡。圣诞节的美食还有姜饼(gingerbread)、糖果等,好吃又好看。

3. 圣诞帽(Christmas hat)

圣诞帽是红色的，据说戴着这个红色的帽子睡觉，晚上会睡得既暖和又安稳，第二天早上还能在帽子里找到心爱的人送你的礼物。圣诞帽是狂欢夜的主角，无论走到哪里，你都能看到各种各样的红帽子，有些帽子顶上还会发光。

4. 圣诞袜(Christmas stocking)

最早的圣诞袜是一双红色的大袜子，不管多大都行。小朋友都很喜欢圣诞袜，因为他们要用这个袜子来装礼物。晚上睡觉前，他们会把圣诞袜挂在床头，这样第二天一起床就可以看到袜子里的礼物了。

5. 圣诞卡(Christmas cards)

圣诞卡是祝福圣诞节或者新年的贺卡，大多的卡片上会印有与耶稣降生故事相关的图画，里面会写上对圣诞节或者新年的祝福，比如：圣诞快乐！(Merry Christmas!)新年快乐！(Happy New Year!)

6. 报佳音者(Christmas waits)

圣诞夜是从 12 月 24 日晚上到 12 月 25 日凌晨。教会会组织一些圣诗班(也有些是由信徒们自发组成的)挨家挨户在窗下或门口唱圣诞颂歌，这就叫“报佳音”，是再现当年天使将耶稣诞生的喜讯向伯利恒郊外的牧羊人报告的情景。“报佳音”活动往往要从傍晚一直持续到天亮，唱圣诞颂歌的人会越来越多，歌声也会越来越大，以至大街小巷到处都是歌声。

7. 圣诞颂歌(Christmas carol)

圣诞节的时候唱的赞美诗就叫作“圣诞颂歌”。圣诞颂歌很多都是从著名音乐家的曲谱中来的。经常唱的有《普世欢腾，救主下降》(*Joy to the World!*)、《缅想当年时方夜半》(*It Came to Be Midnight Clear*)、《天使歌唱在高天》(*Angels We Have Heard on High*)、《牧人闻信》(*While Shepherds Watched Their Flocks*)、《美哉小城，小伯利恒》(*O Little Town of Bethlehem*)、《圣诞钟声》(*I Heard the Bells on Christmas Day*)、《听啊，天使唱高声》(*Hark! the Herald Angels Sing*)、《远远在马槽里》(*Away in the Manger*)、《荣耀天军》(*Angels, from the Realms of Glory*)等，其中《平安夜》(*Silent Night*)最出名。

8. 圣诞老人(Santa Claus)

圣诞老人是一位穿着红袍、戴着红帽的白胡子老头，据说他原名为圣尼古拉(Saint Nicholas)，是小亚细亚(Asia Minor)迈拉城(Myra)的主教，死后被尊为圣徒。每一年圣诞节来临的时候，圣诞老人就会驾着他那驯鹿拉的雪橇从北而来，然后从烟囱进入各家各户，把圣诞礼物送给小朋友，孩子们挂在床头的袜子就是装礼物用的。实际扮演圣诞老人的往往是爸爸妈妈或其他长辈。圣诞老人象征着吉祥如意，不但是圣诞节不可或缺的大人物，连庆祝新年也少不了他。

9. 圣诞树(Christmas tree)

传说在一个风雪交加的圣诞夜，一位农民看到了一个饥寒交迫的孩子，于是给他吃了一顿丰盛的晚餐，小孩子走的时候折了一枝杉树，把它插在地上，然后说了祝福语："年年此日，礼物满枝，留此美丽的杉枝，报答你的好意。"后来这枝杉树枝变成了一棵树，这个农民才知道他招待的是上帝的使者。圣诞树由此而来。在西方国家，大家过圣诞节的时候都会用杉树、柏树之类的常青树做成一棵圣诞树，并用彩花、灯烛、星星、玩具等装饰一下，再挂上圣诞礼物，以此来增添节日的欢乐祥和的气氛。圣诞夜的时候，大家会围着圣诞树一起唱歌跳舞，尽情地享受这欢乐的时光。

10. 圣诞盒子(Christmas box)

西方人过圣诞节的时候，他们会给邮差或用人准备礼物，一般会放在一个小盒子里，在英语里叫作“Christmas box”。

二、愚人节(April Fool’s Day)

(一)愚人节的由来

据说愚人节起源于法国。1564 年，法国率先使用阳历，即格里历(Gregorian calendar)，将新年的起始从 4 月 1 日改成 1 月 1 日。当然新的历法刚开始实行的时候，很多守旧派(old school)都反对更新，他们要求沿用旧历。所以他们仍然在 4 月 1 日那天互相赠送礼物，组织开展一些庆祝新的一年到来的活动。那些推崇新历的人就嘲笑他们，还给他们送假礼物，邀请他们参加假的聚会，并把那些被愚弄的人称为“四月傻瓜”(April Fool)。

后来 4 月 1 日互相愚弄、搞恶作剧成了法国的一种风俗。18 世纪的时候这个风俗传到英国，英国早期的移民者后来又将这风俗带到了美国。

愚人节有一个约定俗成的规矩：大家互相开玩笑、说谎话只能到 4 月 1 日中午 12 点。过了 12 点如果还开玩笑，那就是自讨没趣了。愚人节还有一首小诗：愚人节 12 点已过，你这个大傻瓜来得太晚了。等到明年的愚人节，你就是最大的大傻瓜。(April Fool’s gone and past. You're the biggest fool at last. When April Fool's Day comes again. You'll be the biggest fool then.)

(二)愚人节习俗

愚人节的时候，人们会用水仙花(daffodils)和雏菊(daisy)把家里装扮一下，然后举行家庭聚会。人们会把家里布置得像圣诞节或者新年一样，等客人来了就祝福他们新年快乐或者圣诞快乐，倒也别有一番趣味。聚会上还有做假菜的习俗，比如菜单上写的是沙拉，但菜叶下面居然是牡蛎鸡尾酒。

4 月 1 日还会有鱼宴，餐桌上所有的菜都是鱼做的。鱼宴的请帖也是很别致的小鱼形状的，一般是用纸板做的。餐桌布置成绿白两色，上面放上鱼缸或者装满糖果的鱼篮子，送给客人的礼物会挂在鱼竿上，也有在鱼竿上挂赛璐珞鱼的。

当然愚人节最不可或缺的活动肯定是互相捉弄，互开玩笑。小朋友会骗家长书包上有个洞，等家长上当了就喊他们"April Fool"。愚人节那天，动物园和水族馆经常会接到一些电话说是打给鱼先生或是老虎先生的。

三、万圣节(All Saints' Day)

(一)万圣节的由来

万圣节是西方的传统节日，是每年的 11 月 1 日，其前夜(即 10 月 31 日夜)被称为"Halloween"。

万圣节是一个赞美秋天的节日。古时候的人认为万圣节那天伟大的死神——萨尔曼会把当年死去的人的鬼魂全部都召来，让这些鬼魂接受惩罚。还有传说说死去的人的灵魂会在万圣节那天回到人间,人们要让他们看到丰收的景象并款待这些鬼魂。万圣节那天点的篝火和灯既是为了吓唬驱赶这些鬼魂,也是为了照亮他们回去的路。当时老百姓的想法比较简单,一说到鬼魂就非常害怕,大家就会点起高高的篝火。万圣节前夜会有鬼魂和女巫出现的讲法由此而来。

现在欧洲一些相对封闭的地区的人还相信这种说法。古罗马人在 11 月 1 日也有一个致敬波莫娜女神(the goddess of Bo Mona)的节日,他们会在篝火前烤坚果和苹果。而现在的万圣节前夜据说也是由古罗马与德鲁伊德(古代高卢、不列颠和爱尔兰的祭司)的节日相结合而成的。

在中世纪的中欧,基督教一度企图毁灭异教徒,但是万圣节前夜的祭祀活动没有完全消失,而是以巫术的形式出现。所以现在的万圣节里,还会有巫婆的扫帚、黑猫、咒语等的影子。不过现在西方国家一般都把万圣节当作讲鬼故事、吓唬人和开心玩乐的节日了。

(二)万圣节的习俗

据说万圣节那天,所有的孩子挨家挨户要糖的习俗来源于爱尔兰(Ireland)。爱尔兰的异教徒们认为万圣节前夜鬼魂会来到家的附近,希望大家能够设宴款待他们。所有村民会在“宴会”后将自己装扮成鬼怪精灵,并往村外游走,希望通过这种方式引导鬼魂离开村子,以驱赶邪恶与灾难。村民们也会在房前屋后放一些水果之类的食物,让鬼怪吃了以后不要去伤害人畜,也不要抢夺这一年大家的收成。后来这个习俗慢慢流传下来，就演变成了小朋友喜欢的活动“不给糖果就捣蛋”(trick or treat)，用来取笑小气的人家。

万圣节还有著名的南瓜灯(pumpkin lamp)，关于南瓜灯至少有两种说法。一种是说人们挖空南瓜并在上面雕刻上鬼怪的脸然后点上蜡烛是为了驱赶鬼怪；还有一种是说蜡烛是鬼魂点的，是为了骗人们看见烛火跟着鬼怪走，所以就在南瓜上刻个鬼脸来嘲笑鬼魂：哼！傻瓜才会上你的当。据说是一位叫杰克的爱尔兰人第一次用南瓜制作出鬼脸南瓜灯，所以鬼脸南瓜灯也叫“jack-o'-lantern”。

万圣节流传至今早已没有了最初的宗教色彩，它已经成了小朋友的一个节日。一般大人都会带着孩子一起出门；大人不可以对小孩子做恐吓性的恶作剧；小朋友只去门口有节日布置且点了灯的人家讨糖；讨糖不能到别人家里去，站在门口就好，糖也要大人检查后才能吃；给小朋友的食物不能是自制的，也不能没有包装。

四、复活节(Easter)

(一)复活节的由来

每年春分月圆后第一个星期日就是复活节。复活节代表重生与希望，原是基督教为了纪念耶稣被钉死后第三天复活的事情，然而现在复活节的很多风俗习惯都不是起源于基督教的。

(二)复活节的习俗

兔子和彩蛋是复活节最具有代表性的两样东西。野兔的繁殖能力很强,古埃及人将它视为多产的象征。吃复活彩蛋是复活节期间最有趣和最重要的习俗。基督教徒认为蛋是耶稣墓的象征,新的生命就是从蛋壳里诞生的。最早的时候大家会把鸡蛋染成红色,象征了耶稣受难时流的鲜血,也代表了耶稣复活后的欢乐,还寓示了太阳,由此祈求生活美满幸福。现在复活节彩蛋已经变成各种颜色的了。

复活节期间,除了基督教遗留下来的习俗外,还有很多其他习俗。比如:美国纽约有复活节时装游行(fashion parade);英国有复活节化装游行(costume parade),还有风笛乐队(bagpipe band),小朋友们会打扮成维多利亚女王(Queen Victoria)时期的王宫卫士等;希腊(Greece)有象征性的耶稣葬礼(Jesus funeral)。

在公元300年左右,人们在复活节时就有穿新衣服、合家团圆、踏青郊游、宗教游行、唱颂歌欢庆耶稣复活等习俗了。复活节的传统食品主要是羊肉和火腿。

(三)复活节相关事物的象征含义

1. 十字架(cross)

自公元325年的尼西亚公会(Council of Nicaea)以来,十字架被当作基督教的象征。在现代基督教中,十字架代表了爱和救赎(redemption)。

2. 兔子(rabbit)

兔子是复活节最受欢迎的记号,它是多产的动物,让人想到春天的勃勃生机。公元1500年左右，就有德国文献记载兔子是复活节的记号；约1700年，美国宾夕法尼亚州（State of Pennsylvania）的德国移民引入了复活兔；约1800年，第一只用面粉和糖做成的复活兔在德国被制作出来。

3. 复活节彩蛋（Easter egg）

复活节的彩蛋是重生和旺盛的生命力的象征。复活节那天大家会把染了色的漂亮彩蛋送给亲朋好友。人们会将蛋放在装满红或黄色洋葱皮的水里煮沸，可以染成红色和黄色，也有将蛋浸在香草汁液中，染成其他颜色的。另外，有人用彩笔在蛋上画上美丽的图案，也有用其他颜色的叶子把蛋包起来的。现在还有糖果复活节蛋。

4. 羔羊（lamb）

羔羊成为复活节的记号是因为基督徒将耶稣奉为“神的羔羊”。

5. 鲜花（flower）

百合也是复活节新生的记号，也常常用在艺术中。五月花、水仙及郁金香这些花都被用来作为复活节的记号，因为这些花开在春天，绽放在复活节的月份。英国人和俄罗斯人，会采摘一束褪色柳拍打对方的肩头代表好运。

6. 复活节钟声（Easter bell）

复活节前后到处都会有复活节钟声以提醒人们耶稣的复活。

文化小贴士

圣诞老人形象的由来：最早的时候圣诞老人的衣服什么颜色

的都有，而我们现在看到的圣诞老人一般长着白色的大胡子，穿着红色大袍子，是一个非常慈祥可爱的老人，其实这个经典的形象来自可口可乐公司在20世纪30年代的一个广告。

思考

1. 春节是中国最盛大、最热闹、最重要的一个传统节日，春节与圣诞节的庆祝方式有什么不同呢？

2. “地球村”的形成让我们距离更近了，文化的大融合让很多西方的节日也进入中国，我们应该如何取其精华、去其糟粕呢？（以愚人节为例）

3. 你平时在学校里都会和同学们一起过什么节日？你们都是怎么过的呢？

4. “不给糖果就捣蛋”是西方哪个节日的传统呢？

第二节　英美国家的其他节日与习俗

一、黑色星期五(Black Friday)

每年的11月的第四个星期是美国的感恩节,黑色星期五就是感恩节次日,这时离圣诞节不远了。美国黑色星期五最早源自费城(Philadelphia),是形容感恩节(Thanksgiving Day)狂欢之后第二天的糟糕路况,因为感恩节之后外出度假的人和车辆回来了,街上很容易出现堵车的现象,所以才称为黑色星期五。现在的黑色星期五就像中国的“双十一”一样,是商家促销、消费者购物的节日。

还有一种说法是，美国的商场一般以红笔记录赤字，以黑笔记录盈利，而感恩节后的这个星期五人们疯狂抢购商品，商场自然是多有盈利，因此被商家们称作黑色星期五。因为商场打折午夜开始，摸黑冲到商场排队买便宜货的人被叫作“早起的鸟儿”(early bird)。

二、美国人的婚俗(American wedding customs)

很多美国人会选择在6月举办婚礼，因为英文的6月是June，源自罗马神话中主管爱情和婚姻的女神朱诺(Juno)的名字。美国人从其他国家的文化中借鉴了很多婚礼习俗，与此同时也创造了独特的美国婚礼习俗。

1.“我愿意!”(I do!)

“我愿意!”这句话对美国人来说意义深远。在婚礼上说出这句话、发出誓言就如同签订契约。

2.一切从订婚开始(start with the engagement)

在美国，男方常常会以各种浪漫的方式来向女方求婚，希望能给女方一个惊喜。男方通常会送给未婚妻(fiancee)一只戒指作为订婚的象征。订婚期可长可短。许多未婚夫妻在订婚期间会多方听取意见，让婚礼能更加顺利地举行。结婚前，亲朋好友会送上许多实用的礼物。

3.传统与个性结合的婚礼仪式(tradition and individuality combined wedding ceremony)

大多数的婚礼会沿袭传统，但美国人还是会发挥个性。例如，一般美国人会在教堂举行婚礼，但有些新人会选择在户外的风景点，甚至还有在跳伞或骑马时举行结婚仪式的。有一个传统，大多数新娘都会保留，那就是穿上一件漂亮的、长长的白色婚纱。新郎一般是一套正式的西装或燕尾晚礼服。伴郎和伴娘也是婚礼的标配。

4. 婚礼进行时（the wedding）

婚礼伊始，新郎、伴郎和牧师面对宾客站在一起。当《婚礼进行曲》（*Wedding March*）响起，伴娘入场，后面跟着美丽的新娘。按传统习俗，双方许诺要彼此相爱，“不论情况较好较坏，不论家境是富是穷，不论生病还是健康”（for better, for worse, for richer, for poorer, in sickness and in health）。新婚誓言一般是新郎、新娘自己写的。然后新郎新娘互换戒指，戒指象征新娘、新郎对婚姻的承诺。最后，牧师庄严地宣布：“我现在宣布你们成为夫妻。新郎可以亲吻你的新娘！”（I now pronounce you are husband and wife and you may kiss your bride!）

婚礼中新娘会将她的花束投向一群单身女孩，据说拿到花的会是下一个结婚的人。婚宴后新人一般都会去度蜜月，以此来庆祝新婚。

三、英国的银行假日（Bank Holiday）

英国的公共假日相比其他欧洲国家要少。通常，这些公共假日也被称为“银行假日”，因为银行在假日中会关闭，暂停所有交易。英国的银行假日有两个，分别是 5 月最后一个周一的春季银行假日(Spring Bank Holiday)和8月最后一个周一的夏季银行假日(Summer Bank Holiday)。

四、狂欢节(Carnival)

1.诺丁山狂欢节(Notting Hill Carnival)

英国的诺丁山狂欢节规模仅次于著名的巴西的里约热内卢狂欢节(Rio de Janeiro Carnival)。诺丁山狂欢节起源于1964年,节日期间人们走上街头,欢度一年一度的大型庆典。诺丁山狂欢节是在每年8月的最后一个周末开始,会一直持续到周一(周一是英国的夏季银行假期)。

狂欢节的起源要从出生于加勒比海地区(Caribbean Region)的琼斯(Jones)说起,她在20世纪50年代移居伦敦的诺丁山地区,那时候,英国的种族歧视非常严重,像她这样的少数族裔移民群体的权益

得不到保障，寻找工作也因肤色屡屡碰壁。为了宣扬加勒比地区的文化，琼斯组织加勒比地区的移民穿上奇异华丽的充满加勒比元素的民族服装，进行嘉年华庆典。伴随20世纪60年代中期嬉皮士(Hippies)文化盛行，嘉年华彻底演变为大型室外狂欢庆典。

英国诺丁山狂欢节持续3天。第一天是特有的钢鼓乐队展示与比赛。演奏用的是用汽油桶制作的钢鼓，这是为了吸引当地的加勒比移民参加，提醒他们不要忘记自己的故乡。第二天则是儿童日，孩子们打扮得漂漂亮亮，脸上涂上油彩图案，一起度过欢乐的一天。第三天，狂欢活动达到高潮，来自英国甚至世界各地的DJ在车载调音台上尽情演绎加力索(Gareth)、索卡(Soca)、桑巴(Samba)等各种音乐，吸引大批游客前来一起庆祝这个欧洲规模最大的街头文化艺术盛会。

每年的诺丁山狂欢节组委会都会提前发出通知，让有意提供饮食的摊主们早早报名，多多预备食品。摊主们提供的食品主要是加勒比风味的烤鸡和咖喱羊肉等。狂欢节的时候，诺丁山地区的各条街道边上都炊烟滚滚，香味四溢。

2.美国的狂欢节(Mardi Gras)

美国的狂欢节起源于17世纪末18世纪初的法国殖民时期的美国南方。

“Mardi Gras”原指是基督教大斋期前最后一个大吃大喝的日子。在斋戒前的一两周内，人们会专门举办宴会舞会，纵情狂欢。现在很少有人记得它的宗教来源了，但狂欢活动保留了下来。60多场游行、上百场私人派对和假面舞会、漫天乱洒的三色珠链……这是美国最大的嘉年华狂欢。狂欢节的组织者是一个非营利性俱乐部，只收会员费，他们举行花车游行和主办假面舞会。很多美国人的梦想是被选为花车的国王和王后。

花车游行时，你会听到大家狂喊“给我扔点东西，先生！”(Throw me something，Mister!)，哄抢扔下来的珠链。人们晚上会带着这些珠链去老城法语区，这是给快闪族的“货币”。

文化小贴士

新娘的穿着：按传统习惯，新娘的穿着要包括“一点旧的，一点新的，一点借来的和一点蓝色的东西”(something old, something new, something borrowed and something blue)。新，指新娘的白色礼服必须是新做的，标志着新娘即将开始新的生活；旧，指新娘头上的白纱必须是母亲用过的旧纱，以表示不忘父母养育子女的恩情；借，就是指新娘手里拿的白手帕必须是从朋友那里借来的，表示不忘朋友的友谊；蓝，则是指新娘身上披着的缎带必须是蓝色的，象征新娘对爱情的忠诚。

思考

1. 请说说黑色星期五的由来。

2. 请说说你们家乡的结婚习俗。

3. 文中介绍的节日风俗，你最喜欢哪一个？为什么？

4. 你最喜欢中国的哪个节日？为什么？你都是怎么度过这个节日的？

第七章

休闲娱乐

第一节 美国人的休闲娱乐

美国人的兴趣爱好广泛，涉及文学、艺术、戏剧、音乐等方方面面。我们一起来看看美国人最热衷的一些茶余饭后的娱乐活动。

一、电影

20世纪初，美国就有了专门放映电影的小影院，市民蜂拥而至观看当时的短小无声的电影。由于每人收费5美分，所以被称为5分钱影院。最终电影成为美国人日常生活中的一个重要组成部分，至今仍然是美国人喜爱的娱乐方式。

好莱坞(Hollywood)，位于美国西海岸加利福尼亚州洛杉矶市西北部郊外，因为许多美国的著名电影公司设立于此，故好莱坞经常与美国电影及电影明星联系起来。好莱坞出现过许多蜚声海内

外的大明星，包括费雯·丽(Vivien Leigh，1913—1967)、英格丽·褒曼(Ingrid Bergman，1915—1982)、凯瑟琳·赫本(Katharine Hepburn，1907—2003)、马龙·白兰度(Marlon Brando，1924—2004)等。他们的穿衣打扮、举止行为和兴趣爱好等都对美国人产生了很大影响。在电影《一夜风流》(*It Happened One Night*)中，影星克拉克·盖博(Clark Gable，1901—1960)没有穿衬衣，影迷们纷纷效仿，导致当时的衬衣销售量急剧下降。

大部分美国人每年至少会去看一次电影。美国电影协会(The Motion Picture Association of America，缩写为 MPAA)自豪地表示：在美国和加拿大，电影院依然吸引民众，每年来电影院消费的人数大于去其他剧院和运动场所消费人数的总和。

美国除了有在大型商圈的电影院之外，还保留着老式的剧院式电影院。这些电影院历史悠久，而且还依然保持着多年前的样子。

美国的电影院会同时有几十部电影上映，除了新片以外还会有几十年前的经典老片。在美国看电影不是对号入座的，能坐在什么位置完全是先来后到。美国的电影院播放电影之前会播放很长时间的广告，所以在美国，要坐到最佳的观影位置上，不仅需要早来，而且要忍受广告时间。美国的电影很少有字幕，外语片大多进行了英语配音，只有少数没配音的外语片才会有字幕。

二、电视

对美国人而言，20 世纪最流行的休闲娱乐活动莫过于看电视了，他们近一半的闲暇时间是在电视机前度过的。

电视的发明是一项重大的革命，人们坐在客厅便能欣赏电影、戏剧并了解外界的风云变幻，于是电视以惊人的速度进入了美国家庭。第二次世界大战时电视产业的发展一度陷入停滞，之后美国的电视产业发展迅猛，美国成为电视产业最发达的国家之一。

美国人酷爱看电视，有所谓的“电视餐”。电视台从早到晚不停地播放各种各样的电视节目。电视使得美国人对于艺术、历史、宇宙奥秘和现代科学有了更加深入的了解，同时也加强了美国人民与政府之间的联系。在美国，《芝麻街》(*Sesame Street*)等电视节目，伴随了一代人的成长。《芝麻街》是儿童教育节目，上面的内容可以让3—7岁的小朋友学习到语言文字、数学、卫生、家庭等方面的知识。美国人把这种节目称为“电视保姆”(TV nanny)，大人有事要忙的时候，就让小朋友专心看这类节目。

三、戏剧

美国人对戏剧这种比较古老的娱乐方式十分喜爱，如今美国大大小小的城市，从百老汇的“不夜大道”到郊区的晚餐剧院，到处都有舞台演出。歌舞喜剧、严肃的舞台剧、现代剧以及轻松的闹剧应有尽有。

在美国的课堂内，小学戏剧课孩子们用戏剧游戏来锻炼肢体控制能力和语言表达能力；初中后，美国的孩子们开始接触讲故事、即兴表演和剧本表演，演出的剧本可能是童话或是经过改编的莎士比亚作品，他们会加入自己的思考，表达自己的态度；在高中继续参与戏剧活动的，通常是真正的戏剧爱好者，他们像学校运动队的运动员一样全情投入，会拿出课余时间和周末排演话剧和音乐剧。

纽约是美国的戏剧之都，在戏剧季，百老汇（Broadway）都要上演几十出新戏。来纽约的游客都以能欣赏到百老汇的戏剧演出为乐事。特别受欢迎的戏剧，经常会一票难求。有些旅馆有戏票经纪人，加少许手续费可代客买票，票价从 6 到 18 美元不等。戏剧开场前，剧院门口常有不少人盼着能买到一张退票。

百老汇戏剧季结束后，夏季剧团开始活跃起来，他们会去乡村、市郊、海滨和避暑胜地巡演，有些著名的演员也会在乡间剧场登台演出，这种巡演深受广大民众的欢迎。近年来，美国各地出现了不少小剧院，它们会定期换演剧目，而且票价低廉，演出时间一般是 9 月到次年 6 月。而“晚餐剧院”（dinner theater）越来越流行，人们可以一边吃饭，一起欣赏音乐剧、舞台剧、喜剧或时事讽刺剧。此外，美国的大、中、小城市中还有不少业余剧团，每逢演出季节，它们也能吸引许多观众。

四、体育运动

美国人不满足于安宁的环境和稳定的生活，他们喜欢运动、旅行、变换职业、四处迁居和冒险。像徒手攀岩（free-climbing）和漂流（drifting）在美国有众多的爱好者，其中男性尤为热衷这类运动。美国运动器材协会称，2010 年，同时受到男女两性青睐的项目包括徒步行走、游泳、单车运动、器械训练和保龄球。

五、阅读

虽然美国年轻人更偏向手机和平板电脑等电子产品，但还是有着比较浓厚的读书风气。在美国，图书馆是最常见的公共场所之一，从小学到大学，图书室和图书馆必不可少，而且全部免费。

六、电子游戏

《打破现状》一书的作者珍·麦格尼可（Jane McGonigal）在书中这样写道："目前全球每天有超过 5 亿的人平均每天至少玩网络游戏 1 小时，光美国就有 1.83 亿人……更令人震惊的是，在美国，有 500 万的铁杆游戏迷每周玩游戏的时间总计超过 40 小时，而这一时间也几乎等同于干一份全职工作付出的时间。"

美国人主要喜欢射击游戏、体育游戏和赛车游戏，有人戏称美国人的游戏无非“车、枪、球”，而且似乎一直以来都是如此。2019年，英国媒体称，美国在首次全面测算玩游戏所消耗的能源后发现，玩游戏产生的碳排放量相当于斯里兰卡每年的碳排放总量，即2400万吨二氧化碳。可见美国人对电脑游戏的热衷程度。

七、社交网络

在美国，近80%的网民会经常关注自己的社交网络，这占据了他们大部分的上网时间。据统计，在2011年5月，美国人在脸书(Facebook)上花费的时间总计为530亿分钟，这也使得脸书成为美国最具人气的热门网站。

八、音乐

大部分美国人有自己喜爱的音乐形态。美国人喜欢听世界各国的古典音乐和民俗音乐(classical and folk music)，还有在美国土生土长的流行音乐(pop music)。

美国人也喜欢乡村音乐(country music)，这种音乐起源于美国南部和西部的乡村小民。乡村音乐传达着真实不加渲染的爱情故事和生活中的艰难。吉他、五弦琴和小提琴可以弹奏出乡村音乐的特殊音色。

19世纪末期，非洲裔美国人发展出了爵士乐(jazz)。表演者可以自由地表现自己的情感和音乐技巧，爵士音乐大师可以用同样的和弦即兴演奏出不同的曲调。

20 世纪 50 年代出现了一种爆炸性的新型音乐风格：摇滚乐(rock)。这种极具震撼力的音乐形态探讨了爱情、政治、性及死亡等主题，常常叛离社会所接受的价值标准，已经成为美国青年文化重要的一部分。

九、旅游

美国人一般每年都会外出度假一两次，他们会提早安排好行程和酒店。即使手头并不宽裕，依然会去度假，哪怕是用信用卡。当然美国国内的旅游设施很完善，交通很便捷，廉价航空公司也很多。

美国旅游协会(U. S. Travel Association)称，休闲游受欢迎的原因不外乎走亲访友、异地购物、饱览美景以及享受海滩风情等。

十、购物

多数美国人习惯于网上购物，想要购买什么，上网搜索一下，产品的性能、价格、到货时间等一目了然。几乎所有的大型商家都支持网购。

虽然大部分的商品都可以在网上购买，但是有些还是必须要到店里购买的，比如一些生鲜食品。美国家庭购买食品，往往一次采购一个星期的量。美国人会在家人聚在一起的休闲时间到商场购物，大型百货公司、品牌折扣商场，甚至是宠物店、家具店，在节假日常常会有促销活动。美国每年还都有打折季，比如情人节的商品惠顾、感恩节大酬宾、圣诞欢乐购等，还有著名的“黑色星期五”。

美国的每个商场、超市，都有比较完善的售后服务，顾客无论以任何理由，只要商品是新的，都可以换货或者退货。

十一、冥想

美国的不少人借助冥想（meditation）这项活动，在焦虑、压力下寻找一丝喘息的空间。这种心灵放松方式迅速受到美国压力较大人群的青睐。过去5年，冥想在美国的普及率提高了数倍，目前将冥想作为每天放松身心的必要方式的美国人数量正在赶超瑜伽（yoga）。除了美国普通民众，一些美国的大型公司也在自己的管理制度上引入了冥想。

文化小贴士

车尾野餐会（tailgate party）：美国向来有各种各样的聚会，可是你知道“车尾野餐会”吗？这种聚会的地点是在卡车的后栏板，或是轿车和跑车的后备厢处。车尾野餐会现在已经成为一项传统的美国习俗，通常在橄榄球赛、棒球赛之类的体育运动比赛之前举行。球迷们聚在一起，边吃东西喝饮料，边热聊自己喜欢的球队，庆祝即将到来的比赛。

思考

1. 百老汇戏剧是美国文化的一块瑰宝，你知道哪些具有中国特色的剧种呢？

2. 你最喜欢哪个国家的哪部电影呢？为什么？

3. 你和同学平时有哪些娱乐活动呢？来和大家分享一下吧！

4. 生命在于运动，你能说说中外分别有哪些不同的运动吗？

第二节　英国人的休闲娱乐

和许多大城市一样，英国的大城市里各种杂货店、集市、百货商店以及流行小店随处可见。最欣喜的是你能找到买得起的流行服饰、当地特产和大量高质量的产品。英国这个国家魅力独特，了解这个国家民众的休闲与娱乐方式，才能更好地体味它的文化及魅力所在。

一、体育运动

英国人酷爱运动，尤其是足球运动，在英国可谓深入人心。曾经英国的“世界情人”贝克汉姆和他的贝式发型风靡全球，吸引了无数女性关注绿茵场。在英国，足球渗透在他们的文化里，而且他们的足球运动可以说是“从娃娃抓起”。

在英国各地有很多的运动场所，比如体育运动中心、游泳中心。大学里也都有供学生使用的运动场所。英国人倡导强身健体、追求休闲怡然的生活方式，并且乐在其中。

根据市场调查，健身是休闲活动方式中增长速度最快的。人们开始意识到工作与生活之间要有一个健康和良好的平衡，所以人们更加重视自己的生活方式，希望自己可以活得更健康。锻炼虽然并不轻松，但是人们享受锻炼，因为锻炼后可以拥有健康的体魄。

很多人喜欢到户外去呼吸新鲜空气，户外徒步也是比较受英国大众欢迎的运动。户外徒步可以让人在身体得到锻炼的同时放松心情。

二、酒吧

除了运动，到酒吧(pub)喝酒也是英国人的一大爱好。英国人喜欢酒吧的轻松气氛，酒吧也是一个社区的中心。酒吧里也有一些休闲娱乐活动，比如掷飞镖。这些都是英国酒吧的魅力所在。

酒吧发展至今已形成了一种独特的酒吧文化。在英国当地，这种酒吧文化历久弥新，大大小小的酒吧各具风味，其中不乏百年老店。英国人工作之余喜欢去酒吧喝几杯，聊聊天，赶走疲劳和烦恼。因此，去酒吧已成为当地比较重要的生活乐趣之一。

英国的酒吧消费并不高，去酒吧是了解英国文化最简单易行的方式之一。说几个英国酒吧的名字给大家听听——美人鱼

(Mermaid)、红房子(Red House)、森林古堡(Castle in Forest)、快乐的水手(Jolly Sailor)、迷人的港湾(Charming Port)。拥有这样动人名字的酒吧,让人心驰神往。

英国人爱喝,也爱吃。根据市场调查,现在10个英国人中有7个人至少每月在餐馆用餐一次,近1/3的英国人每星期会有1天在餐馆用餐。事实上,英国人在休闲时候最爱去的3个地方就是酒吧、餐馆和夜总会。

三、多维度的文化休闲

英国人在休闲时喜欢看戏剧、电影和电视。英国人每年会花费很多时间和金钱在这些上面。

在英国,“运动+酒吧”是最重要的休闲方式。同时英国政府还为当地人提供了多维度体验休闲娱乐的“窗口”,这些“窗口”起到了寓教于乐的文化效应。

英国每个城市都有公共图书馆,只要办理好借阅卡,市民就可以去图书馆免费借阅各种书籍和上网。近期各种活动和演出的信息也能在图书馆或者当地市政府获得。英国的每个城市都有各种各样的博物馆,大部分免费对公众开放,这是一个了解西方文化的好途径。还有就是英国的各大剧院都会有精彩纷呈的演出,值得体验。学生只要持学生证,就可以买学生票到英国各地的电影院欣赏影片。

了解一个国家的文化素养,逛书店是最平民化的方式,伦敦的书店规模之大、书种之多、内部陈列之雅,一定能给你带来全新的视野。不过，伦敦的连锁书店，如狄伦书店（Dillons bookstore）、水石书店（Waterstone's bookstore）还称不上精彩，书店中的翘楚是主题式书店，如艺术书店（art bookstore）、烹饪书店（cooking bookstore）、女性主义书店（feminist bookstore），你一进去可能就“沦陷”了。

文化小贴士

女子单身派对(hen party)：准新娘在婚礼前一夜举行的狂欢派对。准新娘会邀请女性好友来参加这个派对，主要是为了庆祝最后的单身时光，这是新娘的最后一个单身疯狂日。参加的朋友一般都会穿上性感的服装，大家一起玩疯狂的游戏，大肆喧闹以此来发泄心中的情感。一般参加单身派对的好友也会受邀参加婚礼。

思考

1. 中国同样是一个艺术底蕴特别深厚的国家。你知道哪些中国的传统文化，比如剪纸、刺绣？

2. 你的家乡在哪里？你的家乡有哪些特殊的风俗习惯？

3. 美国人和英国人的休闲娱乐方式有什么共同之处？

4. 随着经济的发展，学习和工作的节奏相对来说更快了。你有哪些缓解压力的方法？

第三节 英美十大体育运动

英国人、美国人不仅发明了许多体育项目，而且他们还善于游戏和娱乐。下面简单介绍一下目前英美流行的、具有代表性的体育项目。

一、足球(英国称 football，美国称 soccer)

足球是现代生活中最令人激动的运动项目之一。比赛双方各由 11 人组成，包括守门员(goalkeeper)1 名，后卫(fullbacks)和中卫(halfbacks)共 5 名，前锋(forwards)5 名。比赛历时 90 分钟，分上下 2 个半场。

二、橄榄球(英国称 rugby，美国称 football)

橄榄球起源于英国。原名拉格比足球(rugby football)。比赛双方各由 7 名运动员组成。可以用脚踢球、用手传球或带着球跑。

橄榄球传入美国后规则有所变化，又称为美式足球（American football），它与篮球（basketball）、棒球（baseball）一起被称为美国的三大集体运动。

三、棒球（baseball）

棒球是美国夏季不可缺少的球类运动。比赛分 2 队，每队 9 人。2 队轮攻一次为一局（inning）。

四、高尔夫球（golf）

高尔夫起源于苏格兰。高尔夫球员要用金属曲棍从发球处将球击入洞中，击球入洞多并且所击次数少者为胜。

五、篮球（basketball）

篮球起源于美国，最初是用装水果的“桃篮”作为投掷目标，后来经过不断发展才成为今天这种形式。

六、排球（volleyball）

1895 年，排球起源于美国的马萨诸塞州（Massachusetts）。比赛分 2 队，每队 6 人。比赛一般分为 5 局。

七、羽毛球（badminton）

羽毛球起源于印度。比赛分团体赛（team event）、单打

(singles)、双打(doubles)等几类。

八、马球(polo)

马球是骑在马上击球、追球的一种户外运动。比赛双方各由4人组成：前锋、后卫各2名。运动员用曲棍(mallets)将球击入对方的球门，多者为胜。

九、冲浪运动(surfing)

冲浪运动的运动员在一块不大的冲浪板(surf-board)上，在波涛汹涌的海面上，靠身体重心驾驶着浪板，随波浪快速向前滑行。

十、帆板运动(sailboating)

帆板运动是一项新兴的水上运动项目。运动员站在与冲浪板相似的长方形厚板上，以风力为动力，扬帆行驶。

除以上运动项目外，美国人还比较喜欢网球(tennis)、游泳(swimming)、滑冰(skating)、滑雪(skiing)等体育运动。英国人对草地网球(lawn tennis)、曲棍球(hockey)、摩托车运动(Motorsports)等也很感兴趣。

文化小贴士

世界职业棒球大赛(World Series)：美国职业棒球大联盟每年10月举行的总冠军赛，美国以及加拿大职业棒球最高级别的赛事。这个名字常会被误解为是一项国际赛事，实际上这个锦标赛只有美国球队和加拿大球队参加。但是由于这项比赛能吸引全世界最好的球员加入，因此最后的冠军也被许多球迷和记者认为是世界级的冠军。

思考

1. 随着中国的发展，中国的文化和体育项目越来越在国际上占有一定的位置。你知道中国有哪些体育项目是世界领先的吗？

2. 你最喜欢的体育项目是什么？平时和同学们一起做哪些体育运动？

3. 篮球和足球是最受关注的体育运动，能说说你认识的球星吗？

4. 你能说出几个我们国家的奥运会冠军吗？

第八章

中英语用差异

第一节　地域差异

文化是人类社会中产生的社会行为和规则。不同的自然地理条件，把人类社会分割成了不同的区域。不同的区域慢慢形成了不同的社会行为和规则，这就是地域文化。

一、数字

数字除了表示事物的顺序或数量之外，还被广泛应用于各种表达中。在语言表达中使用数字，作为打比方或夸诞的修辞手段，可以让语言生动简洁、灵动丰富，还可以渲染气氛、烘托环境。许多数字的意义经过语言的"泛化"，情感意义增强，实际意义减弱，在语言表达中已是虚指。而在这个"泛化"的过程中，由于受心理、宗教等文化差异的影响，英汉语中数字所表达的意义，虽有共同之处，但也存在着较大的差异。

（一）中外同受青睐的数字

1.数字"八"(8)

"八"在中国文化中不仅是一个简单的表示数量或顺序的数字，而且还反映了人们的一种美好的愿望。首先因为"八"与"发"谐音，所以"八"就带有发财致富的意义。有些饭馆商铺取名"五一八"(谐音"我要发")；公司把含有"八"的日期看作开业吉日，开业典礼时间定为八时十八分（谐音“发一发”）。此外，“八”还意味着美满、吉祥、显贵、全面。比如八个人坐的桌子叫“八仙桌”，款待客人要上八道菜以表欢迎，描述人很有才气是“才高八斗”，地位赫赫的人坐的是“八抬大轿”以显得“八面威风”，称赞处事圆滑、面面俱到的人“八面玲珑”，而和关系最密切的朋友才能结为“八拜之交”。

西方文化中，数字“8”也蕴藏着吉祥的意义。早在古希腊，人们就认为“8”意味着长寿、丰功伟绩和美满幸福；《圣经》中的故事里讲到，上帝看到人类在人间作恶，感到非常遗憾后悔，便决定用一场大洪水来终结所有人类的恶果。上帝只嘱咐了唯一的善人挪亚，建造一只大船，最终只有挪亚一家 8 人得以生还，于是“8”就意味着幸运、长寿；结了婚的夫妻都喜欢佩戴对戒，两枚结婚戒指上下放在一起构成了“8”的形状，象征着婚姻幸福美满；此外，横着的“8”字恰恰是数字中代表无穷大的符号“∞”，这就暗示着无限可能。

2. 数字“九”(9)

和其他数字不同，“九”在中国文化中是至尊无上的象征，受到了特别的重视。九为数之极，引申出了“无限”的意义。而在古代封建君主制度中演化出了“神圣”之意，因此中国古代帝王为了让众人相信自己神圣的权力是上天所赋，都想尽办法把自己和“九”联系在一起。比如天有九层；祭天需一年九次；冬天也有九九严寒之说。当然，皇帝居住的皇宫殿宇也与“九”有着诸多联系：相传故宫共有九万九千九百九十九间房，宁寿宫皇极门外的影壁上刻有九条龙，天安门城楼面宽九间，门上的铜钉有九行，每行有九颗。甚至帝王们把自己的疆域也划分为九州，来显示国土辽阔无垠。

在民间，因为“九”和“久”谐音，有着天长地久的意义，所以人们也喜欢选择有两个“九”的日期作为良辰吉日。据报道，1987年英国女王伊丽莎白二世访华就选择在农历的九月初九重阳节。又据《21世纪报》报道，新加坡有165对新人在1999年9月9日结为伉俪，说明世界各地的新郎新娘都喜欢在带有“九”的日子举行婚礼，希望能永结同心，白头偕老，幸福甜蜜，长长久久。

在西方文化中，“9”也是深受人们喜爱的幸运数字。在英语中用“a cat has nine lives”（猫有9条命）来形容一个人命硬，经得起灾祸。

（二）中外喜好不同的数字

1. 数字“四”(4)

由于“四”和“死”发音相似，而跟“死”有关的东西又是人们忌讳的，故“四”在中国是不受欢迎的。凡带有数字“四”的，如车牌、房间号、电话号码等事实上人们都会选择避开。在成语和歇后语中也可以见到带有“四”的贬义词句，如丢三落四、四面楚歌、不三不四、朝三暮四等。

然而，在英语国家里，数字“4”并没有和“死亡”有任何的联系。相反地，因为与“fair”谐音，西方人认为“4”是公正、公平、合理的标志。《圣经》中更是将世界的基础都和“4”联系了起来：组成世界的4种物质——土、空气、火、水；世界的4个方向——东、南、西、北；一天的4个部分——早、中、晚、午夜；一年的4季——春、夏、秋、冬。

2. 数字“六”(6)

“六”是中国文化中又一个受欢迎的数字，它与“禄”字的发音相似，就象征“荣禄”“俸禄”“福禄”，有着吉祥如意、幸福安康的意义。古时皇帝就有六宫，朝廷军队被称为“六军”，女性怀孕叫作“身怀六甲”，直系亲属关系统称为“六亲”，天地与四方合称为“六合”等。直到现在，带有“六”的日子往往会被当作吉日，带有“六”的电话号码或车牌号码不仅价位高，而且还特别抢手。

但在英美文化中，“6”并没有福禄顺遂的美好之意，相反地，带有一些邪恶的色彩。众所周知，在《圣经》中，上帝在第 6 天创造了人类，因此“6”代表了人类，而“666”组合在一起就成了超越人类的恶魔。又如“six of one and half a dozen of the other”是“半斤八两”，“at sixes and sevens”是“乱七八糟”，“knock somebody six or hit somebody for six”是“把人彻底打败”。这些表述都跟中国文化中“六”的意义相去甚远。

3. 数字“十三”(13)

在中国大部分地方，人们把“十三”当作一个中性的数字，没有特殊的褒贬意义。宗教方面，中国佛教宗派分为十三宗；建筑方面，中国的塔多为十三层，明朝皇帝的陵墓共有十三座，统称“十三陵”；文学方面，儒家的经典统称为《十三经》，北方戏曲的押韵都定为“十三辙”；医药方面，北京同仁堂药店有十三种最有名的中成药，号称“十三太保”。但在一些南方地区，像上海，“十三”却是个难听的数字。想必大家都听说过，上海人常说“某某是十三点”，意思就是“这个人神经兮兮，办事说话不牢靠”。

对西方人来说，最不吉祥、最避讳的数字无疑是“13”。宴饮时避开13人同行，上菜的数量不能是13道，连门牌号、楼层号等各种数字都尽量避开“13”。在日期上，每月13号也是不吉利的，比这更让人忐忑不安的就是13号又恰好碰上星期五。在这样的“黑色星期五”，有人不敢换床罩，不敢工作，不敢出门，不敢实施任何计划，什么事都做不了。西方人对“13”的忌讳是有很深的文化根源的。在中古时代的西方，“13”与死亡紧密相连：绞刑的绞环有13个绳圈，绞台有13个台阶，刽子手的薪金是13枚钱币。北欧神话中有这样一个故事：在一次天国的庆典宴会上，主神奥丁、光明之神巴尔德及其他共12位神同席就餐时，突然闯入了不速之客诡计之神洛基，凑成13人。在洛基的教唆下，受人敬仰的光明之神巴尔德遇难，最终导致了“诸神的黄昏”，世界末日的降临。而与“13”相关的最有名的故事，要数圣经故事中的“最后的晚餐”了。意大利著名画家莱昂纳多·达·芬奇(Leonardo da Vinci，1452—1519)创作的名画《最后的晚餐》，描述的内容就是耶稣与12门徒共进晚餐的情景画面。这可能是耶稣最后一次到耶路撒冷。在逾越节，犹太教会的祭司长想方设法在夜间前来逮捕他，却不知道耶稣身处何方。正在这时，耶稣的门徒之一犹大背叛了耶稣，向犹太教会的祭司长告密。犹大跟犹太祭司长秘密约好：他亲吻的那个人就是耶稣。到了逾越节那天，耶稣和他的门徒们再次坐在一起，共同享用最后一次晚餐，他忧郁地对12位门徒说：“实话告诉你们，你们当中有一个人出卖了我！”12人闻言后，有的感到震惊、有的感到愤怒，而在画面上，慌乱不已，打翻盐罐的人就是犹大。耶稣和12位门徒加起来是13人，因此在西方，“13”象征着背叛、出卖、死亡。

二、颜色

中西方文化中都存在对色彩的不同分类和表达，比如汉语中的红橙黄绿青蓝紫和英语中的red、yellow、green、blue等。尽管这些表现某一事物基本特征的颜色词汇的数量不多，但它们的内涵丰富，经常被人们使用。颜色这一类常用词汇不仅可以被广泛地用来表达世间绚丽多姿的色彩，在不同经济社会发展背景和不同文化发展环境的影响下，颜色类的词汇还能充分反映出不同民族的精神文化内涵。

1. 白色

纯白色在中西方传统文化中有一层相似的文化内涵，都可以表达干净、纯洁、透明、清白等不同含义。除此之外，中西方对白色的基本理解和实际运用都有些不同。

在基督教传统文化中，白色是一种神圣的装饰颜色，天使和许多居住天堂的人都喜欢身披着白色的外衣，圣经中更有用白色物品朝拜神圣的故事记载。因此，白色在西方国家常与神圣、好运的形象联系在一起，象征着美丽、善良、纯洁、和平与希望。我们可以看到这样的一个句子“Marry is a white girl”，它并不是说玛丽(Marry)是一个白人或者一个皮肤白皙的姑娘，而是说玛丽是一个清纯的姑娘。如果对男性同样使用这个表达，通常用来肯定他很诚实、从不刻意撒谎，比如：“Tom is a very white boy”。在现代英语中，白色也常作为“好运”来理解，例如：“Today is one of white days of Tom's life.”(今天是汤姆的幸运日。)

另外，与中国传统婚礼文化差别较大的地方是，中国人在正式结婚的时候，新娘通常身着红色旗袍，而大部分西方人则非常喜欢穿白色婚纱，来体现婚礼的神圣和象征新娘的纯洁美丽。因此也可以见到“white wedding”（白色婚礼）这样的表达。由此可见，在很大程度上，白色是西方人比较喜欢的颜色。

在现代汉语中，白色也同样有着它独特的象征意义。尤其是在古代，所谓“红白喜事”，红代表婚礼，白则代表葬礼，因此使用白色总会让人联想起不开心的事情。在葬礼上，为了表达对逝者的崇高敬意和深深怀念，子女亲朋好友会穿白衣、戴白帽；逝者家中客厅大门上也要贴一些白纸对联以表示深切缅怀，也充分寄托了往生者对亡者的深深思念。但随着社会的不断进步，中西方传统文化慢慢地相互融合，人们的生活观念也在渐渐地发生转变。白色在西方的一些含义也慢慢开始被很多国人接受。在婚礼上，新娘都喜欢穿着纯白色印花婚纱，戴漂亮、华丽的各种白金镶钻戒指。白色已然逐渐成了一种时尚，充满特有的浪漫魅力。

在中西方传统文化中，还有一些关于白色的文化词语。这些特殊词语中的“白”就与颜色没有什么直接联系了。人常说的“一穷二白”，这个“白”并不指颜色，而是指一无所有。所以在文化交流过程中，不能简单地将“白”与“white”等同，“一穷二白”应该表达出深层的意思，可以说“abject poverty”。其他还有很多类似的例子，如白手起家（start from scratch）、白色收入（income which is legal）、白吃（eat without pay）、白痴（stupid）、白费功夫（labor without results）、白送（free of charge）等。

2. 红色

中西方文化中，红色有着一些相似的象征意义。第一，红色意味着害羞。如果一个人脸红了，那就说明他感到羞涩或尴尬。第二，由于红色很醒目，它就成了危险的预警。交通标识中，红色表示禁止；预警等级中，红色表示非常危险。另外，英文和中文中还有相似的表达，如“red card”（红牌）、“red light”（红灯）等。

中西方对红色的见解也存在许多不同。在中国传统文化中，红色象征着节日庆典。从古至今，中国人都十分热爱红色。“中国红”也代表中国频频登上世界的舞台。要是到了中国传统节日——春节的时候，红色更是随处可见。红色的春联、灯笼、爆竹、中国结……中国人相信，这些能让生活变得更加繁荣红火。中国传统婚礼中，新郎、新娘都身穿红色的服饰，预示着婚后的日子红红火火，美满甜蜜。而西方的婚礼中，新娘通常身穿白色的纱裙，代表圣洁纯真的爱。红色则绝不会出现，因为西方人常常会将红色与“恶魔”联系起来。

红色在西方文化中与“火”“血”相关，代表着暴力和血腥，比如“the red rules of tooth and claw”（残杀血腥暴力的统治）、“red revenge”（血腥暴力的复仇）、“red battle”（血战）。红色也意味着激进暴力的革命，如“red hot political campaign”（激烈的政治运动）。红色有危险紧张之意，“a red adventure story”意思就是一个扣人心弦的冒险故事。在西方斗牛比赛中，红色也引申出了别的意义。比赛中，斗牛士抖动红布激怒公牛，之后人们就觉得红色也令人不安。“like a red rag to a bull”就意味着非常生气的状态。著名的美国作家霍桑（Hawthorne）有一部代表作《红字》（*The Scarlet*

Letter)，这部作品中，红色的字母“A”就是放荡罪恶的象征。

三、动物

在整个人类漫长的文化历史和发展的进程中，动物一直与整个人类社会保持着密切的联系，对人类的社会生存、发展都带来深刻的影响。这种亲密无间的关系使得人类对动物产生了喜爱、厌恶、同情、恐惧等各种各样错综复杂的思想和情感。因此人们也常常借用动物等相关词汇来寄托和表达自己的思想和感情，所以在现代英汉两种语言文化的词汇中都包含有许许多多与动物一词密切相关的文化词汇。

(一)内涵相近的动物

从大范围看，人类日常生活的自然生态环境大致相似，因此自然会对动物产生相同或相似的文化联想，然后赋予其相同的语言文化特征和内涵。

1. 狐狸(fox)

在现代英语语境中与中文语境中，该词都用来形容某人奸诈、狡猾。如:“as cunning as a fox”(像狐狸一样狡猾)，“He is a fox”(他是个狡猾的人)。

2. 羊(sheep)

在中西语言文化中，羊均被广泛地视为一种性情极易被人驯服、非常温顺的动物。因此该词在现代英汉两种语言文化中都用来比喻性格温和、恭顺。

3. 鹦鹉(parrot)

由于鹦鹉是一种会模仿人的语音发声的鸟，所以在英汉两种不同语言中该词都用来形容只会学舌、没有独立思想见解、人云亦云的人。

4. 狼(wolf)

狼是一种凶猛又贪婪的野兽，所以该词在英汉两种不同的语言中都有相似的含义，如“as cruel as a wolf”(像狼一样凶残)。

5. 猪(pig)

猪除了生性肮脏、贪吃外，还有懒、憨、丑等多种负面的形象，如“eat like a pig”或“make a pig of oneself”都可以指某人像猪一样大吃大喝。

6. 鸽子(pigeon)

无论在中文语境下，还是英文语境下，口衔绿色橄榄枝的鸽子被认为是和平的一种象征。

(二)内涵不同的动物

由于生活在不同的历史社会和文化背景中，中文的使用者和英文的使用者对同一种动物自然而然地就会产生出不同的联想，赋予了同一个动物类的词以更丰富多变的文化内涵。有时候审美价值取向或价值观的巨大差异会直接造成人在中英两种语言文化环境中对同一种动物的褒贬不一，好恶不同。

1. 龙(dragon)

龙在中西方文化中都存在于神话传说中，而在中文里代表吉祥尊贵的“龙”与英文中邪恶凶残的“dragon”之间形成了鲜明的文化对比。

在中国传统文化中，龙一直象征着高贵、权威、吉祥和繁荣。我们中华民族认为自己是“龙的传人”。在古代的社会，“龙”一直是对帝王和民族至尊的象征，历代的皇帝会把自己称为“真龙天子”。“龙”，我们可以把它看作是我们整个中华民族的精神图腾。时至今日，龙在我们整个中国的人民心中仍是至高无上的，我们一直把自己的国家和人民称作“东方巨龙”。汉语中有大量的关于中国龙的吉祥成语，诸如龙飞凤舞、卧虎藏龙、龙腾虎跃、龙凤呈祥、生龙活虎，都充分展现了龙在中国传统文化中积极的内涵。

然而在西方文化中，人们却普遍认为“dragon”是一种狰狞的怪兽，是邪恶的代表，是恶魔的化身。在英语中，凶恶暴戾的女人也被称为“dragon”，如“She is a real dragon, you'd better keep away from her”(她是凶狠的母夜叉，最好离她远点)。因为这一概念的差异使得龙在东西方有着不同的文化内涵，也带给人截然不同的联想。如“亚洲四小龙”的表达是“four Asian tigers”，而不是“four Asian dragons”，这样是为了避免带有邪恶凶残的意义引起西方人的误解。

2. 狗(dog)

在现代英汉语言中狗的基本意义是一致的，但其文化的内涵和意义有着天差地别。狗在现代英语中大多数场合都是一个褒义词，可用来形容一个值得信赖又忠诚的人，如“help a dog over a still”(助人渡过难关)、“a lucky dog”(幸运儿)、“an old dog”(老手)、“love me, love my dog”(爱屋及乌)。很显然，这些词语都反映了英美国家的人们把可爱的狗当作人类忠实的朋友，如“as faithful as a dog”就是用来形容人十分忠诚。

可在传统的中国社会和文化中，狗可以说是屡遭贬低的一种动物，代表了一种卑劣可恶的形象。在汉语中带有“狗”这个字的词语一般都具有明显的贬义和嘲讽色彩，如走狗、丧家狗、狼心狗肺、狐朋狗友、狗仗人势、狗眼看人低等。

文化小贴士

Baker's dozen(面包师的一打)：很多西方人都不喜欢“13”这个特殊的数字，生活中也不愿提及。有时候我们需要这个特殊数字时，就可能会用“baker's dozen”来代替。这个故事可以追溯到15世纪的英国。当时，英国对各种面包的重量都做出了严格的规定。但是，要很好地保证面包的重量，在当时的手工生产条件下是不容易做到的。为了更好地避免因缺斤少两而受罚，面包师便在当时规定的一打12个面包的基础上再免费多加一个，宁多勿少。这样，“baker's dozen”就用来指代数字 13 了。

思考

1. 你知道哪些包含数字的成语？

2. 你知道哪些包含颜色的成语？

3. 你知道哪些包含动物的成语？

4. 你能正确理解并翻译上述成语吗？

第二节　日常生活用语差异

一、称呼用语

称呼用语是人类语言中必要也非常重要的一部分。人们的日常对话和互动中经常要用到它。称呼用语有着建立、维持、加强人与人之间关系的作用。更重要的是，称呼用语也反映出语言发展的进程，是构成特定文化的基石。

（一）亲属称呼用语的差异

对比一下常用的对亲人的称呼，你就能发现，与简单又笼统的英文称呼语不同，中国亲属称呼用语系统可以说是非常的详细和复杂。在中国，为了教会小朋友纷繁复杂的称呼，有一首脍炙人口的儿歌："爸爸的爸爸叫爷爷；爸爸的妈妈叫奶奶。妈妈的爸爸叫外公；妈妈的妈妈叫外婆……"而在英语中，不管爷爷还是外公，统一就是"grandfather"；不管是奶奶还是外婆，统一是"grandmother"；像七大姑八大姨，只要用“aunt”就足够了。

汉语称呼用语还有一个特点：对于非亲属甚至陌生人，我们可以用“爷爷”“奶奶”“叔叔”“阿姨”这些对亲人的称呼。中文中这样的称呼可以显得友好、热情，而且用法也是非常灵活，根据说话对象的不同年龄、性别、辈分会有不同的变化，比如“王大爷”“张阿姨”“李大嫂”。这可以看作是亲属称呼用语的一种延伸，而这种用法在英语里简直是无法想象的。

（二）社会称呼用语的差异

姓名是日常生活中最常用的社会称呼用语，它区分了每一个独一无二的个体。

中文名由两部分组成：姓氏和名字，姓在前，名在后。中文姓名也有好多种用法，例如一个人的姓名可以有以下几种叫法：第一，全名，如“王明明”；第二，只叫名字，如“明明”；第三，形容词如“老”“小”加上姓氏，如“小王”。除此之外，中国人的姓氏通常还会和他的职业一起出现以表示尊重，比如“张医生”“郑老师”等。而西方就没有这样的习惯，这种情况下通常都是直呼其名。

英文名通常由两到三部分组成：名加姓，或名加中间名加姓。在西方，姓名的顺序与中国是相反的。而有时候，英文名也有可能由四个词组成，如“Hillary Diane Rodham Clinton”（希拉里·戴安·罗德姆·克林顿），这个英文名就在最后加上了丈夫的姓氏。

二、问候用语

据估计，英语中有 12 种以上的问候方式，从短小精悍的“hi”到更长、更具体的“How is everything going?”，各有不同。人们根据不同的场合、不同的需要，选择不同的问候语。大体上，英文的问候用语可以分为 4 个类别。第一，简短问候语。像“hi”“hello”“hey”这样简短的问候语虽然不那么正式，却是西方人使用最频繁的。随时随地，对任何人都能用到。第二，扩展问候语。与简短问候语相比，明显更长、更具体了些，而且多用于正式的场合。比如，当你在重要的会议场合遇到了一位老朋友，你可以说“How is everything with you?”或者“How are you getting on?”。第三，时间相关问候语。这些都与特定的时间段有关，而且都用于正式的场合，通常是主管与员工、老师与学生之间使用。比如早上你到了学校遇到了外教老师，说“Good morning”。从这个方面来看，中文也是一样，我们会说“老师，早上好”。第四，疏远问候语。这种问候语通常用于陌生人或是第一次见面的人。认识新朋友时常用“How do you do?”，既正式礼貌，又保持了一定的距离。

中文的问候语与西方有很大的不同。中国人往往更注重礼节和地位。因此，中国的问候经常是客套的，这也很难被外国人理解。从句式上来划分，中文问候也可以分为 4 种：第一，陈述句式问候。这类问候一般显得比较正式礼貌，就像刚才提到的“早上好”。第二，一般疑问句式问候。这类问候的内容都是些显而易见的事情，比如你看见好友正在吃午饭，于是就问：“吃饭呢？”在外国人看来，这种情形有些荒谬可笑，这是明知故问。然而，按照中国的文化，这是一种亲近的问候。第三，询问式问候。这类问候同时也是在询问相关的信息。比如你看见好友迎面走来，就问他：“上哪儿去呀？”显然，要是你这么和一位西方人打招呼，他肯定不能理解，因为西方人十分注重自己的隐私。第四，短语问候，也就是说人们用一个词或一个字问候，如“早”。有调查显示，随着中西方文化的不断融合，越来越多的中国人在日常生活中更喜欢选用简单的英文词汇来互相问候。另外，中国人更看重问候的形式。相比西方人的随意，中国人会根据不同的说话对象，选择不同的问候用语，如对孩子用温柔的用语，对上级用尊敬的用语。

总而言之，问候用语作为交流的关键基础之一，在中西方文化中有着不同的特点。

三、赞扬与回应

(一)赞扬

在赞扬语的研究中，通常把称赞的内容分为两类：一类是公共话题，另一类是非公共话题。非公共话题的内容通常就是称赞时需要避开的禁忌了。有趣的是，在欧美国家被列为非公共话题的内容绝大部分都是中国的公共话题。因为在中国文化中，只要是对听的人有利，可以给他带来愉悦的心情，就算话题涉及个人隐私也是没问题的。但在英语国家，许多话题是不适合作为称赞的内容的，比如年龄、薪资等。如果忽略了这一点，那么原本好意的称赞将会以误解甚至争吵收场。在同学会上，你称赞同学说：“你是我们当中薪水最多的，真厉害啊！”大部分中国人听了都会很开心，而西方人可能在你询问他薪资的时候就离你远远的了。

当然，相反的例子也是有的。某些欧美国家的公共话题，在中国却是不适合使用的。在中国，男性在公开场合夸赞女性的外貌美丽是不合礼数的。即使在美国唐人街的中餐厅里，也会有人向中国服务员表白:“I have been watching you all through lunch. You have a beautiful smile. It lights up the whole room.”(吃饭的时候我一直在关注你。你的笑容很美,点亮了整个房间。)这样直白的表达在中国是不可能出现的,因为中国传统文化讲究的是含蓄。虽然现在中国人的观念慢慢在发生改变,但是“男女授受不亲”的思想还是有着根深蒂固的影响。

(二)对赞扬的回应

生活中,赞扬使用得越频繁,那么相应地,对赞扬的回应也越成为交流的必需。但是,由于赞扬往往关乎听者的面子,就像批评一样,会让人紧张不安甚至令人反感。因此,适当地回应这些称赞也显得尤为重要。

在中国,回应称赞的方式主要有三种。首先,否认与谦虚。比如“你的外套真漂亮!”“不不,你的才更好看。”第二,表示尴尬。比如“你写的字很好看!”“没有,过奖了。”第三,解释说明。比如“你的包好时尚啊!”“这是我妈妈给我买的。”而现在的年轻人受到西方文化的影响,有时也会大方地直接接受称赞,但是与传统的回应相比还是占少数的。

另有调查显示,欧美国家最常用的回应方法就是直接接受。在收到称赞之后以“Thank you”(谢谢)、“Yeah, I think it well too”(是的,我也这么觉得)来回答。其次是在接受的基础上修正补充,比如“Thank you, I put a lot of work into it last night”(谢谢,昨晚我为了这个花了很多心血)。然而,在称赞的内容不太合适的时候,也会出现否认的情况,如“Stop making fun of me”(别开玩笑了)。

从上述内容我们可以看出，欧美国家的人通常会以接受赞美来保全对方的面子，而中国人则拒绝赞扬来发扬谦虚精神。

文化小贴士

西方君主的别称：西方君主除了有正式的称号外，还有一些有趣的别称。这些别称往往根据国王的某种显著特点加以夸张。这些别称有的根据君主生理或外貌上的特征，有的依据其性格为人，还有的可能涉及道德，各式各样。早期的西方君王都有自己的别称，如法兰克王国的加洛林王朝开创者就有别称叫“矮子丕平”，可能与他身材矮小有关。再如英国的国王威廉一世的别称是“征服者”，威廉二世的别称是“红毛王”，亨利一世的别称是“儒雅者”。爱德华一世有许多别称，如“长腿”“全世界的伟大长矛”“威尔士的征服者”“苏格兰铁锤”“英国的查士丁尼”等。普鲁士国王腓特烈一世，因为有一脸鲜红色的胡子，别称为“红胡子”。另外，如“青齿王”哈扎尔德，“羔羊王”埃里克，这些别称都是特点鲜明，一闻别称如见其人。

思考

1. 你知道在中国怎么跟别人打招呼吗？
2. 你知道在英美国家怎么跟别人打招呼吗？
3. 你知道如何用英语来称呼家人、亲戚、朋友吗？
4. 你知道在各种节日里如何向外国友人送上祝福吗？

第三节 历史文化差异

中英两国的人们在长期的实践活动中形成了不同的历史文化，因此在交流的过程中，一定要充分了解两个国家的历史文化，深入分析两国历史文化的渊源，才能在传达语言信息的时候不产生歧义。

历史文化典故是一个民族历史文化的精华，具有浓厚的民族色彩。每个典故中包含了丰富的历史文化内容和形形色色的历史人物。中英两种语言中有大量由历史文化典故形成的习语，这些习语的结构简单、意义深远，往往不能单从字面上的意义去理解和翻译。

英美文化的典故不少来自古希腊、古罗马的神话传说以及《圣经》，比如阿喀琉斯之踵（Achilles' heel，比喻微小却致命的弱点）、珀涅罗珀之网（Penelope's web，比喻永远完不成的工作或任务）、潘多拉的盒子（Pandora's box，比喻灾祸的原因）等，类似这样的典故还有很多，随着社会文化的发展可能被赋予新的历史文化意义。

一、阿喀琉斯之踵（Achilles' heel）

阿喀琉斯（Achilles）是希腊神话中特洛伊战争的英雄，也是荷马史诗中重要的人物和伟大的战士。阿喀琉斯参与的最著名的战役就是特洛伊之战。在这场战争中，他将对方的将领赫克托耳

(Hector)斩于特洛伊城门前。但不幸的是，这位刀枪不入的英雄，在特洛伊之战即将结束之时，被箭射中了脚跟而不幸身亡。为什么强大的阿喀琉斯仅仅被击中脚后跟就死了呢？相传阿喀琉斯的母亲——女神忒提斯(Thetis)嫁给了人类国王佩琉斯(Peleus)，而忒提斯一心想让儿子阿喀琉斯有一副不死之躯。所以，在阿喀琉斯出生时，她就把阿喀琉斯浸泡在冥河中。然而，忒提斯没想到的是，由于当时是抓着阿喀琉斯的左脚把他浸入河中的，他的左脚跟并没有沾到河水，身体其他部分都变得刀枪不入，只有左脚跟成了日后阿喀琉斯最致命的弱点。根据这些神话传说，"阿喀琉斯之踵"渐渐就用来表示一个人的弱点，尤其是指其他方面都很强大时，唯一微小却又致命的弱点。

二、珀涅罗珀之网(Penelope' web)

在荷马史诗中，珀涅罗珀是国王奥德修斯(Odysseus)的妻子，她以聪慧和忠诚而闻名。在她生下儿子后不久，奥德修斯就出征特洛伊，离开了家园。在等待丈夫的20多年里，珀涅罗珀一直绞尽脑汁、想尽办法拖延那些想乘虚而入的追求者。有一次，珀涅罗珀就假装要为年迈的公公织孝衣，并对追求者说，当她完成之后，她就会跟他们其中一个结婚。于是在接下来的3年中，白天珀涅罗珀就不停织布，而到了晚上，就全部拆掉。日复一日，直到被奸人揭发才作罢。

由于珀涅罗珀为忠于婚姻而做出的不懈努力，珀涅罗珀已然被视为忠贞不贰的象征。而那张永远织不完的"珀涅罗珀之网"也成了“不可能完成的任务”或是“永远做不完的工作”的代名词。

三、潘多拉的盒子(Pandora' box)

潘多拉(Pandora)是宙斯创造的第一个人类女性。而宙斯创造她的一部分原因是要惩罚普罗米修斯(Prometheus)为人类私盗火种。因此,潘多拉被众神赋予了诱人犯罪的天赋,成为“美丽的恶魔”,将给人类带来折磨。果然,来到人间后,潘多拉带来的不是丰厚的恩赐,而是无尽的灾难。虽然并非出于恶意,只是受好奇心的驱使,潘多拉打开了一个罐子,释放出了所有人间的罪恶,世间瘟疫疾病横行,化为炼狱。而大吃一惊的潘多拉急忙将盖子盖上,唯独留下了希望。随着故事的流传,“潘多拉的罐子”变成了“潘多拉的盒子”,但是其象征的意义还是一样,既是“灾祸的原因”,也是“最后的希望”。

文化小贴士

黑猫(black cat)：通常猫给人的印象多是甜美可爱，但黑猫却让西方人心生恐惧，尤其是英国人，他们将黑猫与女巫联系在一起。在一些西方人的意识里，如果在一个漆黑的星期五晚上又碰上一只黑猫，那便预示着此人可能会遭遇某种厄运。

在英国古代的传说中，人们普遍认为妖魔鬼怪常变成黑色的动物，尤其是黑猫，英国人说黑猫有9条命，因为巫婆拥有变9次的神奇魔法。

另外，英语中的猫还含有“心地恶毒的女人，爱说人坏话的女人”这样的意思。

思考

1. 你知道哪些中国历史文化典故？
2. 你知道哪些英美国家的历史文化典故？

图书在版编目(CIP)数据

你应该了解的英美文化 / 沈晓飞主编. 一杭州：浙江工商大学出版社，2021.12

ISBN 978-7-5178-4740-3

Ⅰ. ①你… Ⅱ. ①沈… Ⅲ. ①英语课一中等专业学校一教材 Ⅳ. ①G634.411

中国版本图书馆 CIP 数据核字(2021)第 239638 号

你应该了解的英美文化

NI YINGGAI LIAOJIE DE YING MEI WENHUA

主　编 沈晓飞

副主编 赵慧芬　谈芬芬　沈美凤　郑思齐

策划编辑 刘　颖

责任编辑 孟令远

责任校对 费一琛

封面设计 沈　婷

责任印制 包建辉

出版发行 浙江工商大学出版社

(杭州市教工路 198 号　邮政编码 310012)

(E-mail:zjgsupress@163.com)

(网址:http://www.zjgsupress.com)

电话:0571-88904980,88831806(传真)

排　　版 杭州朝曦图文设计有限公司

印　　刷 杭州高腾印务有限公司

开　　本 710mm×1000mm　1/16

印　　张 11.5

字　　数 124 千

版 印 次 2021 年 12 月第 1 版　2021 年 12 月第 1 次印刷

书　　号 ISBN 978-7-5178-4740-3

定　　价 42.00 元
